Círculo Rojo

# Historias Cotidianas con Finales Inesperados

# Historias Cotidianas con Finales Inesperados

Valentín Miravet Sales

Círculo Rojo

EDITORIAL

Primera edición: mayo 2024

Depósito legal: AL 1073-2024

ISBN: 978-84-1073-339-8

Impresión y producción: Editorial Círculo Rojo

© Del texto: Valentín Miravet Sales
© Diseño Portada: Manuel Cholvi Barluenga
© Maquetación y diseño: Equipo de Editorial Círculo Rojo

Editorial Círculo Rojo

www.editorialcirculorojo.com

info@editorialcirculorojo.com

Impreso en España - Printed in Spain

*«Las decisiones rápidas son decisiones inseguras»*

*Sófocles*

*Susana, Manuel, Xaro, Jorge, Cristina, Oscar, Felipe, Ana, Nanci, Jorge, Gloria, Borja, Violeta y Blanca, gracias por estar ahí siempre que os necesito.*

# PRÓLOGO

Gran parte de nuestra vida transcurre repitiendo rutinas, solemos realizar a diario las mismas labores, acciones, recorridos, ejercicios, etc. Nos ajustamos siempre a unos horarios muy similares para cada tarea y seguimos unos patrones de comportamiento idénticos, lo que nos provoca una sensación de *Déjà vu* constante porque nos resulta familiar cada situación vivida; pero, no es cuestión de sensaciones imaginadas y sí de realidades físicas.

Cada persona está encerrada en su propio círculo de cotidianeidad, siendo diferente para cada versión del ser humano. Y como no hay dos seres iguales, cada uno gestiona de una forma diferente su comportamiento social. El denominador común suele ser el aislamiento, puedes estar en el autobús o en el metro rodeado de una muchedumbre y no fijarte en nadie. Distraemos nuestra atención mirando al infinito o a la pantalla del teléfono móvil.

Estamos inmersos en una severa monotonía que puede verse alterada por factores sobre los cuales no siempre tenemos el control. Las buenas noticias nos aportan bienestar y alegría, provocándonos una perspectiva positiva; en cambio, hay borrones negativos que surgen de forma irremediable: puede ser un examen fallido, una bronca con el jefe, discusiones en el ámbito familiar, un castigo en el colegio... Cuando varios factores dañinos se juntan en un mismo día, el resultado puede ser impredecible, va en función de la idiosincrasia mental de cada persona. No es lo frecuente, por fortuna, pero en un algunos casos solo falta un detonante para que brote la fiera que llevamos dentro.

Todos, en algún momento, hemos vivido situaciones tensas; algunas con nosotros mismos como protagonistas; otras, observadas desde la distancia. Situaciones que nos incomodan y nos perturban y que surgen de repente y sin tiempo a reaccionar con la racionalidad requerida.

En este libro encontraréis diez historias ambientadas en el día a día de cualquier persona. Relatos cotidianos que pretenden invitar a la reflexión sobre las consecuencias que tienen nuestros actos. Cuesta reprimirse si llevamos la mochila emocional cargada en exceso de lastre nocivo y ya no hay sitio para nada más, pero cualquier decisión tomada en este estado puede tener efectos irreparables. Hay que tener en cuenta que un desenlace final dramático es la suma de varios condicionantes, aunque todos no dependan de nosotros.

Me gustaría que a medida que os sumerjáis en cada una de las historias, intentéis dilucidar el final que puede darse. Como la imaginación no tiene límites, animo a cada lector a dar un desenlace diferente a cada relato.

SUSANA AZNAR HIDALGO

# 1. Aparcar

**P**ara Alejandro arrepentirse ya no tiene sentido; maldecir una y otra vez es lo único que le queda. La decisión de vivir en el centro sin haber adquirido una plaza de garaje cuando tuvo la oportunidad había condicionado en exceso su vida cotidiana.

La media de tiempo que empleaba en el trayecto de vuelta desde el trabajo a casa no superaba los treinta minutos con tráfico fluido. Hasta aquí todo transcurría dentro de lo razonable, lo que disparaba el reloj y la desesperación era encontrar un aparcamiento para su vehículo cercano al hogar y no añadir demasiados minutos andando al total de tiempo perdido. Cinco vueltas por el barrio marcaban el límite, después debía ampliar el radio de manzanas intentando no alejarse demasiado de su domicilio. En el primer giro mantenía intacta la esperanza de ver el ansiado hueco; en el segundo, esperaba ver las luces de algún coche aparcado que saliera en ese momento; y a partir de entonces se incrementaba la ansiedad en proporción al número de vueltas que daba de más.

En este día de finales de noviembre, Alejandro sale del trabajo media hora antes. Se ha propuesto inventar cualquier excusa con tal de cumplir la promesa a su mujer e hijo. Ya ha pasado por la pastelería a recoger la tarta de cumpleaños del pequeño Víctor; cumple tres años y quiere celebrarlo y aprovechar para estar el máximo tiempo posible con él. También desea reconciliarse con su mujer, pues un cúmulo de pequeños incumplimientos rutinarios, unas veces ajenos a su voluntad y otros no tanto, se han convertido en un gran problema de comunicación y desavenencia conyugal. Le ha costado reaccionar, con todo, solo pensar en perder el bien más preciado que le ha regalado la vida, le ha hecho replantear sus actos. No puede fallar más, sobre todo el día de hoy, su esposa no se lo perdonaría. Ya no caben excusas razonables ni mentiras apaciguadoras; hoy, no.

Ha llegado al barrio y observando la tarta que ha dejado en el asiento del copiloto, reza para encontrar su plaza. El destino no es compasivo en la primera toma de contacto; aunque todavía tiene media hora de margen, los nervios empiezan a aparecer. Acabado el primer rastreo y cuando va a comenzar el segundo, le asusta el fogonazo de un rayo que ilumina la noche y las primeras gotas de lluvia empiezan a repiquetear sobre la chapa de su vehículo. En pocos minutos, una cortina de agua apenas deja ver a unos pasos de distancia. La situación se va complicando, el margen de tiempo del que disponía se ha agotado con la tormenta.

De repente, le vuelve la esperanza. En una calle estrecha ve un hueco lo suficiente grande para aparcar el coche que circula delante además del suyo. Espera el tiempo necesario para que su predecesor coloque el vehículo mientras una larga cola se forma detrás. Sin embargo, le sube la indignación cuando comprueba que no hay suficiente hueco para él, el otro conductor no deja espacio, aunque de sobras hay para los dos. Solo tiene que echar un metro atrás de los dos que todavía tiene de margen. Intenta negociar captando la atención del recién aparcado, ambos bajan las ventanillas.

—¡Por favor! Si tiras un metro atrás lo podré aparcar yo también —dice Alejandro.

—¡No! Estoy hasta los huevos de que lo golpeen, ya me han roto un par de veces el parachoques —dice el otro conductor.

—¡Vamos! ¡No me jodas! Hay sitio suficiente para los dos sin tener que golpear a ningún lado —suplica Alejandro.

Pese al ruego, no obtiene respuesta alguna, solo observa cómo el cristal de la ventanilla sube y se cierra por completo. A través de la lluvia comprueba que el hombre sale del coche y se va. Mientras, la larga fila de coches que tenía detrás ha aumentado y los conductores empiezan a tocar el claxon con impaciencia.

La ansiedad se ha instalado en su interior y el retraso ya es considerable. Se encuentra dando vueltas lejos de su barrio suplicando un casi milagro. Otro rayo rasga el cielo y el alumbrado público deja de funcionar. —¿Qué puede pasar más? — Clama mirando hacia arriba. No obstante, como todo tiene su fin, a lo lejos ve las luces de un coche que se marcha dejando libre el ansiado aparcamiento. Al llegar, solo se fija en una señora con un paraguas que está en medio del espacio que va a ocupar. Sin embargo, piensa que es una viandante que cruza por allí. Se equivoca, la mujer no se aparta y continúa plantada en el mismo sitio. Alejandro comprende al instante que está guardando el aparcamiento para alguien, cosa que no puede hacer ya que ha llegado antes y el derecho a aparcar es suyo. Ignorándola, acciona el intermitente y empieza a meter la parte posterior del vehículo en el hueco. Unos golpes en el cristal le hacen detenerse, es la señora que le insta a bajar la ventanilla.

—Disculpe señor, mi marido ya viene —dice la mujer en tono apaciguador.

Mientras, unas luces se acercan hasta colocarse a pocos centímetros del parachoques trasero de Alejandro impidiendo que este pueda acabar la maniobra.

—¡Usted no puede guardar este sitio! ¡Yo de aquí no me muevo! —dice Alejandro con rabia subiendo la ventanilla.

—Déjeme que le explique, por favor —suplica la mujer.

Alejandro, parapetado dentro del coche, ya no atiende a nada mientras sigue cayendo una lluvia torrencial que no cesa. La mujer intenta varias veces más captar su atención, da golpecitos al cristal sin éxito. La situación es un sinsentido, ninguno puede aparcar, el bloqueo es mutuo. Por el espejo retrovisor, Alejandro observa a la mujer hablando con su marido, los aspavientos de este no dejan lugar a dudas; no va a ceder tampoco.

Han pasado unos minutos eternos que desembocan en un sobresalto, el coche de detrás ha movido ficha y golpea el vehículo de Alejandro. El impacto hace que la tarta que lleva a su lado se rompa desparramándose por el suelo del copiloto. La ira, la rabia, la indignación, la ansiedad y la desesperación que lleva acumulada explotan como un volcán en erupción. Cegado por la sinrazón busca una palanca de hierro que guarda bajo el asiento y sale del coche en busca de venganza. Le da un empujón a la mujer y esta se tambalea para al final caer trastabillada. Levanta con fuerza la palanca y descarga toda su frustración contra la cabeza del conductor que estaba saliendo del coche y no le da tiempo a protegerse. El hombre cae desplomado y la mujer grita aterrada desde el suelo. La imagen es dantesca, solo iluminada por el reflejo de unas luces amarillas intermitentes.

Un rayo vuelve a alumbrar la calle y lo que ve Alejandro le hiela la sangre. Una señal vertical indica que es una plaza de minusválidos. Mira al suelo y vislumbra también las marcas blancas ahora teñidas de sangre. En décimas de segundo comprende la situación, se acerca al coche de su víctima y comprueba que es un vehículo adaptado; en el interior hay un niño de corta edad sentado en una silla de ruedas, está esperando que sus padres le ayuden a bajar.

# 2. La tragaperras

En el año 1986 no había bar o restaurante en España que no tuviera en un rincón una de las famosas máquinas tragaperras. Captaban a la gente con luces llamativas y melodías repetitivas. La novedad hacía que cualquier cliente echara cinco duros para probar suerte, casi nadie al recibir el cambio de su consumición se resistía. Cuando algún afortunado conseguía las tres figuras iguales en las ruedas giratorias, la máquina empezaba a soltar monedas en una bandeja mientras sonaba la canción del verano en forma de música metálica. Aquello era un cebo para los abundantes clientes que circulaban por el bar, se ilusionaban con ser los agraciados de una pequeña fortuna. Los valores de los premios oscilaban entre dos mil y diez mil pesetas, cuando en España los salarios mensuales estaban sobre las setenta y cinco mil. Las tragaperras daban dinero fácil y rápido si conseguías tener un golpe de suerte.

A pesar de ello, ese tipo de juegos de azar que están programados para dar grandes beneficios a sus promotores, no lo son tanto como dice su nombre. Lo que significa que necesitan montones de monedas para cada cierto tiempo soltar unas pocas. Todas las formas de ganar dinero rápido son muy peligrosas para los ludópatas y los menos dichosos en riqueza pueden llegar a perder todo lo que tienen, ya que empiezan con la posibilidad de mejorar su economía diaria y acaban perdiendo la subsistencia del mes.

El relato que se narra a continuación ocurrió en un bar corriente de un pueblo cualquiera de España.

El mundial de México 86 había cerrado los partidos de liguilla de grupos y quedaban dieciséis equipos en liza. España, pese a la derrota inicial contra el todopoderoso Brasil, se había repuesto ganando a Irlanda del Norte y a Argelia. La quinta del «buitre», con Butragueño a la cabeza, hacía albergar esperanzas de llegar, por lo menos, a semifinales y soñar con la final. Todo un país se sentaba frente al televisor para ver el España-Dinamarca de aquel dieciocho de junio. Los bares eran por lo general, el punto de encuentro de los aficionados. Muchos estudiantes ya habían acabado los exámenes finales y podían disfrutar de las veladas futbolísticas que empezaban a las once de la noche. Las siete horas de diferencia horaria con México hacía que los partidos acabaran bien entrada la madrugada.

En un rincón del bar *Cañadas*, Francisco llevaba varias horas echando monedas a la tragaperras y ni siquiera se había dado cuenta de que empezaba el partido. Mientras, un numeroso grupo de gente se arremolinaba frente al televisor en alto que había en el local. Él, seguía a lo suyo pulsando a ritmo frenético los botones luminosos de la máquina, una y otra vez con el mismo resultado. Había cobrado aquella misma tarde la miel que le producían las cajas de abejas que tenía en varias fincas esparcidas por toda la provincia. Se dedicaba a la apicultura igual que lo hizo su padre en el pasado. Le daba buenos ingresos para mantener a su familia con holgura, a su mujer y sus dos hijos. Sin embargo, hacía un tiempo que andaba escaso de dinero y le ocultaba a su esposa la adicción a las tragaperras. Aquel día, y después de cobrar, decidió tomarse una caña en el bar *Cañadas*, aunque su gran error fue llevar encima todo el dinero de la venta. De inicio, pensó en echar como máximo dos mil pesetas. Un amigo habitual de barra le había dicho que el premio gordo tenía que salir en breve. Su colega controlaba las máquinas de la totalidad de bares del pueblo y pocas veces se equivocaba. El vaticinio no pudo ser más desacertado ya que después de más de seis horas seguidas sin parar de echar monedas, se había quedado sin las sesenta mil pesetas que llevaba en la cartera. No podía dejar de jugar, era el sustento del mes para él y su familia y debía recuperar algo como fuese. —¿Cómo le iba a decir a su mujer que este mes no tendrían dinero para comer? — La sensación de impotencia y rabia hacia sí mismo le consumía, se sacó el paquete de *Marlboro* y fue a coger un cigarrillo para calmar los nervios, empero la cajetilla estaba vacía, ni siquiera se dio cuenta al fumarse el último. Lo pensó un par de veces y decidió llamar al camarero. Éste, estaba junto al resto de clientela mirando el devenir del partido cuando el sonoro silbido que escuchó desde la otra punta de barra le hizo girarse. El camarero sabía las necesidades del cliente ludópata, ya que llevaba todo el día cambiando billetes por monedas.

—Dame cinco mil pesetas más en monedas de cien —el cliente se lo pidió con rabia—. Anoche tu jefe sabía que la máquina estaba a punto y se dedicó a sacar los buenos premios, ¿verdad?

—No sé, pregúntaselo a él, está allí delante sentado —el camarero más pendiente del fútbol que de los comentarios, siguió contando monedas hasta la cantidad exacta.

—Luego te doy el billete de cinco mil, tú sigue viendo el fútbol.

El camarero con cierta desconfianza se dio media vuelta y volvió al fondo del bar para seguir viendo el partido. En ese preciso instante los gritos de indignación con el árbitro subieron los decibelios en el local. Había pitado penalti contra España, el jugador Jasper Olsen marcó gol y lo celebró con sus compañeros y los numerosos aficionados daneses que poblaban la grada del estadio Corregidora, en la ciudad mexicana de Querétaro. Justo al filo del descanso, el cliente seguía echando las últimas monedas cuando Butragueño desataba la locura en el bar, empataba el partido tras un fallo garrafal del lateral derecho. El camarero volvió a darle otras cinco mil pesetas más en monedas sin recibir ningún billete a cambio.

La segunda parte del partido fue una locura, una España demencial con Butragueño desatado hizo que los televidentes disfrutaran de una gesta deportiva que pasaría a la historia. Diez minutos antes de acabar el partido y con el marcador tres a uno, Francisco llevaba ya veinte mil pesetas gastadas a crédito. Decidido a marcharse llamó por última vez al joven camarero que apenas tenía quince años, su intención era intimidarle.

—Las veinte mil pesetas que debo no las voy a pagar. Y, ni se te ocurra contarle algo al jefe —dijo amenazante al joven.

—¿Qué dices…? Despúes cuando haga el recuento notará que faltan. Es mucho dinero y yo no puedo ocultar esto, creerá que lo he robado yo… —titubeó el camarero.

—Tu jefe es un ladrón y un tramposo, por la noche la gente escucha cómo él juega a la máquina, sabe cuándo va a salir el premio y se aprovecha. Así que una cosa por la otra —dijo de nuevo en tono severo—. Antes de irte dame un cigarrillo, se me han acabado.

—Ahora te traigo uno.

El joven marchó hacia el fondo de la barra y en vez de buscar tabaco fue directo hacia donde estaba sentado su jefe, momento en el que se levantó todo el mundo para celebrar el cuarto gol de España. El camarero aprovechó y le habló al oído contándole al dueño todo lo sucedido. Este se levantó de golpe, fue apresurado en busca de Francisco y se enzarzaron en una acalorada discusión. Al final, la amenaza de llamar a la Guardia Civil y denunciarle, arrancó la promesa de que en pocos días le devolverá el dinero. Cuando el cliente salió por la puerta del bar, Butragueño marcaba el quinto gol de penalti para España, el cuarto de su cuenta particular. Francisco era el único que no tenía nada que celebrar aquella noche.

Cuatro días más tarde, en el preciso instante en que empezaban los cuartos de final del mundial entre España y Bélgica, en el bar *Cañadas* un grupo de aficionados se disponía a acomodarse para disfrutar de otro vibrante partido. Sin embargo, la repentina irrupción de una persona iba a alterar la velada. Un hombre entró en el local con paso indeciso y el rostro perlado de sudor, rostro que se llenó de ira cuando pasó al lado de la máquina tragaperras que tan bien conocía. Ocultaba un brazo detrás de la espalda y con la mirada nerviosa buscaba a una persona en concreto. Varios clientes empezaron a percatarse de la presencia a sus espaldas de un hombre inmóvil con gesto extraño. Sin tiempo a reaccionar, todos los presentes fueron testigos de cómo aquel hombre exponía el objeto que había ocultado tras de sí. Era una escopeta de caza y con un gesto rápido la levantó y apuntó en la dirección elegida, después… disparó.

El tiro acabó con el culpable de su desdicha, aunque tal culpabilidad solo existía en su enajenada mente. Su mujer lo había echado de casa y la impotencia que sentía la descargó con otra persona. Sumergido en un mar de mentiras, era incapaz de reconocer su ludopatía y no podía asimilar que él era el único responsable. Siempre se había mostrado seguro de sí mismo y podía dejar de jugar cuando quisiera, él no tenía ningún problema.

Un segundo disparo no tardó en escucharse después de un corto intervalo de tiempo que sirvió para que Francisco tomara conciencia de la atrocidad que había cometido. No estaba preparado para asimilar aquello, la sangre, los gritos y ver cómo se desplomaba sin vida un ser humano, le superó. No solo acababa de perder a su familia, también, y cegado por la frustración, se había convertido en un asesino. Ya no había vuelta atrás. Todo dejó de tener sentido para él. Solo le quedaba una vía de escape y decidió tomarla.

# 3. El Móvil

Es uno de noviembre, día de Todos los Santos. Este año cae en miércoles y no hay posibilidad de enlazar puente alguno. El otoño va avanzando inexorable hacia el invierno, la climatología no anima a realizar excursiones lejos del calor hogareño y quedarse en casa sin hacer nada es un plan perfecto para la mayoría de los habitantes de una gran ciudad.

Pasa un buen rato de la hora habitual para levantarse de la cama; no obstante, Alberto y Ana duermen de forma plácida. Ni el despertador sin desconectar que suena efímero antes de que silencie su cadente pitido de un manotazo, ha conseguido interrumpir el sueño de ambos. No obstante, desde hace dos años, hay alguien más en la casa que impide que puedan dormir hasta la saciedad.

—¡Mamá! ¡Papá!

La pequeña Vega ha entrado en la habitación, trepando por la cama se coloca en medio de los dos y golpea con sus pequeñas manitas los cuerpos aletargados de sus padres.

—¡Quiero salir a jugar con la bici! —dice Vega balbuceando palabras recién aprendidas.

—Es muy pronto y hace frio en la calle —Ana se gira frotándose los ojos todavía semiabiertos.

—Ven aquí pequeñaja —Alberto coge a su hija y la apretuja contra él, después empieza a hacerle cosquillas mientras la pequeña suelta dulces carcajadas pueriles.

Ana rescata a Vega de la encantadora tortura a la que está sometida, la estrecha entre sus brazos y se la come a besos. El tierno momento se quiebra al sonar un móvil. Ana suspira antes de ver quién está llamando. Por un instante ansía que sea una molesta compañía telefónica o alguien que se ha equivocado, sin embargo, no es así.

—¿Otra vez Conchi? —pregunta Alberto mientras Ana le asiente con gesto lastimero— Ya está bien, anoche estuviste tres horas hablando con ella.

—Ya sabes que lo está pasando muy mal con su separación y no tiene a nadie más con quien desahogarse.

—¡Ana! ¡Que llevamos así varios meses! ¿No puede ir a terapia como todo el mundo? Estás más pendiente de ella que de nosotros.

—Me haces sentir mal —las palabras de Alberto la han herido—. Ella me ayudó mucho, fue la única que estuvo a mi lado cuando lo pasé tan mal, y tú deberías acordarte. No puedo dejarla tirada en este momento.

Ignorando la mirada reprobatoria de su marido, Ana contesta al móvil. La conversación comienza con un soliloquio monotemático, Conchi habla y Ana escucha. A medida que pasa el tiempo, el diálogo es más equitativo. Los lamentos alternados con ataques de rabia son apaciguados con palabras tranquilizadoras y de ánimo. Horas y horas al teléfono sin descanso pasan inexorables hasta comerse toda la mañana.

Alberto prepara la comida alternando juegos con Vega: hacen puzles, montan una granja, cambian de ropa a las muñecas y miran dibujos animados. Sin embargo, el propósito de la pequeña es salir con su bicicleta a la calle; se lo recuerda a su padre al finalizar cada actividad.

Ana ha colgado el teléfono poco antes de sentarse a la mesa. La comida transcurre en silencio, solo roto por las peticiones de Vega. El malestar de Alberto con su mujer es latente, ya no hay que decir nada más sobre el tema, ya han discutido demasiadas veces.

La sobremesa parece calmar los ánimos; la niña se ha dormido en el sofá y disfrutar del café mirando la serie favorita empieza a reconciliar a la pareja. Ana se recuesta sobre Alberto y este pasa el brazo sobre ella arropándola y besando su mejilla.

—Cuando despierte, tenemos que salir un ratito a la calle con ella y su bicicleta. No creo que la siesta le haga olvidarlo —Alberto sonríe.

—Sí, pobrecilla. Además, no parece que haga tan mal tiempo.

La sintonía anunciando el final del capítulo coincide con el despertar de la niña. Apenas abre sus pequeños ojitos y vuelve a preguntar.

—¿Podemos salir con la bici?

La pareja sonríe con una mirada cómplice y suelta al unísono un «sí» sonoro, arrastrando una «i» sin fin.

Minutos más tarde y bien abrigados, salen a la calle. Al vivir en el centro, no disponen de un parque para que la niña pueda jugar a sus anchas y deben ir al que hay al otro lado del río. Tienen que cruzar el puente que queda enfrente de la Catedral para disfrutar de las amplias zonas verdes. La ciudad empezó a construirse apiñada en un margen del caudaloso río; cuando fue creciendo la población, la necesidad de nuevas viviendas requirió la organización urbanística en el otro margen. Se debe agradecer el sentido común de los diseñadores por dejar amplias zonas de ocio en el nuevo espacio.

La pequeña Vega no se baja de la bicicleta, se impulsa con sus cortitas piernas por aceras y pasos de peatones, siempre al lado de sus padres. Una vez en el parque, da rienda suelta al ansiado deseo reclamado durante todo el día con insistencia mántrica. Alberto y Ana se sientan en un banco con la vista puesta en la niña y se relajan.

—Siento haber dicho esta mañana que no somos tu prioridad —Alberto coge de la mano a su esposa.

—No hay nada en el mundo más importante que Vega y tú —dice Ana dándole un beso en los labios.

Vuelve a sonar un teléfono; Conchi aparece de nuevo en la pantalla, esta vez Ana no lleva intención de contestar y lo silencia. Tres llamadas seguidas, enlazadas sin tiempo apenas para marcar, se suceden poniendo nerviosa a la pareja. Cuando parece que se ha cansado de sonar, surgen nuevos pitidos anunciando mensajes entrantes. Ana se acerca el teléfono para leerlos, pero nota la mano de Alberto encima de la suya instándola a que no lo haga.

—Puede ser urgente, tanta insistencia no es normal —dice Ana apartando la mano de su marido y leyendo el texto.

Suena de nuevo y esta vez sí que lo coge. Alberto mira al cielo, después centra su visión en Vega y suspira. Repitiendo el ritual de la mañana, la conversación se alarga hasta la hora de irse para casa. Alberto se acerca hasta la niña y le dice que deben regresar, obediente y sin bajar de su bici sigue a su padre. Ana camina detrás sin dejar de hablar por el móvil. Desandan el camino de ida, dejan atrás el puente y se disponen a pasar por el paso de peatones que cruza la larga avenida, esta tiene dos carriles por sentido. El tráfico es abundante y el semáforo para viandantes no permanece demasiado tiempo en verde. Alberto va un metro delante, le siguen Ana todavía hablando y Vega con su bicicleta; se encuentran en medio del paso de cebra. En los dos carriles interiores, parados y esperando que se ponga verde, hay un coche y en el carril pegado a la acera, una furgoneta; detrás, una larga fila de vehículos.

Los dos primeros conductores son conscientes de que el semáforo está a punto de cambiar. Sin embargo, observan atónitos cómo una niña pequeña ha tropezado con su bici, está tirada en medio del paso de peatones y su madre no se ha dado ni cuenta porque va hablando por el móvil. El padre, ya en la acera, se gira y ve a la niña en el suelo. La madre también se gira, retrocede dos pasos y coge a la niña, la vuelve a montar en la bici y sigue hablando por el teléfono sin ser consciente de que la niña ha vuelto a caer, y menos consciente de que el semáforo ya hace varios segundos que está en verde para los vehículos.

Alberto se lanza a por su hija, aunque los dos primeros conductores, como es lógico, no han hecho ni amago de arrancar hasta que se solucione la situación, pero...

Empiezan a sonar pitidos en la larga fila de coches, ya que no ven nada anormal por delante y no entienden por qué está detenido el tráfico. Un motorista situado detrás de la furgoneta se impacienta demasiado, no puede esperar más y en décimas de segundo toma una decisión fatal. Piensa que hay distancia suficiente entre los dos vehículos que están formando el atasco y se lanza a cruzar sin dar tiempo a nadie para reaccionar. La niña ya está en la acera; por el contrario, el padre... no. Este ha regresado a por la bici. El brutal impacto con la moto lanza a Alberto por los aires y cae golpeándose la cabeza contra el asfalto. Ana suelta un grito desgarrador al ver a su marido tendido en el suelo, pese a todo, todavía lleva el móvil pegado al oído. Mientras, una gran mancha rojiza tiñe el pavimento.

# 4.Tentar al destino

Jon y Arantxa escuchan a Sergio, su verborrea es cargante hasta la saciedad; es engreído, narcisista, pedante y chulo. Esto es solo una muestra de sus muchos defectos, pese a ello aguantan sus peroratas por respeto a Marta, su novia.

Han quedado para comer en una terraza improvisada en medio de una céntrica calle. Aunque era una estrecha vía muy transitada por coches hasta hacía poco tiempo, al final ha sido convertida en peatonal por la cantidad de bares y restaurantes que en ella se dispersan. La temperatura y la COVID invitan a crear nuevos espacios para la restauración y mantener ciertas distancias cumpliendo con la normativa vigente.

Arantxa y Marta son amigas íntimas e inseparables desde la infancia, han compartido toda su vida desde que empezaron en la guardería. Desde entonces han vivido juntas momentos buenos y no tan buenos que las han unido en una amistad inquebrantable. Marta es alta con una larga melena rubia y un tipo envidiable. Arantxa, no con la belleza llamativa de su amiga, también es una joven preciosa. Lleva corto su pelo moreno y tiene unos ojos verdes que le dan exotismo a su bonito rostro.

La primera en tener pareja fue Arantxa, conoció a Jon en la universidad, pues ambos estudiaban química. Jon es un cerebrito que acabó la carrera con notas brillantes. Llama la atención su intelecto en los estudios con su candidez e inocencia en la vida real. Es amable, correcto y respetuoso. Cuando apareció Jon en la vida de Arantxa, la amistad con Marta no menguó en absoluto. Los tres se llevan a la perfección, compartiendo ideales, motivaciones y aficiones comunes.

Marta conoció a Sergio en una discoteca, es el típico guaperas, atractivo y musculado. Juega a futbol en un equipo de segunda división y gana bastante dinero con su ficha, lo que le permite llevar una vida con ciertos lujos.

Sedujo a Marta con las habilidades que tanto éxito le habían dado con las mujeres. Cuando la vio, se encaprichó y se lanzó a conquistarla como un trofeo más, porque en su cabeza tenía más claro disfrutar del sexo que empezar una relación amorosa. La negativa de irse a la cama, a la primera, a la segunda y a la tercera vez que se vieron, obligó a Sergio a insistir e insistir. Era cuestión de orgullo y emplearía el tiempo que hiciera falta para lograrlo, después ya vería. Los compañeros de vestuario no contribuían a apaciguarle, se burlaban de él diciendo que había perdido facultades, que se le resistía la rubia. Aquellos comentarios le fastidiaban en exceso, sobre todo mancillaban su reputación y le tocaban la fibra más sensible, el orgullo.

Sentados los cuatro en aquella terraza, Sergio sigue hablando con su tono chulesco como si fuera el centro del universo.

—Que sí, que os digo que las mujeres tenéis la sartén por el mango, todos los que hacen las leyes os han dado un poder que no deberíais tener, los hombres somos marionetas a vuestra disposición.

—¿Qué dices Sergio? Las leyes en materia de igualdad están para aplicarlas con sentido común y que no se pisoteen derechos que deberíamos tener desde hace mucho tiempo —dice Marta reprochando el tono que ha adoptado.

—¿No? Mira, si quieres te lo demuestro ahora mismo, voy a hacer que detengan por acoso al primer pardillo que pase.

—No hace falta, lo que tu digas Sergio —añade Arantxa.

—Ahora verás —vuelve a insistir el futbolista.

—Sergio, déjalo. Por favor —dice bajito Marta cogiéndole la mano.

Por la acera y en dirección a ellos se acercan dos hombres de mediana edad con el uniforme de una empresa de reformas. Van cargados: uno con una escalera y un cinturón de herramientas y el otro con un maletín metálico y un rollo de cable eléctrico.

Cuando llegan a la altura de la mesa donde se encuentran los cuatro amigos, ni siquiera giran la vista para mirarlos, van charlando tranquilos. De repente y sin pensar que iba con ellos, oyen unos gritos a su espalda, alguien les está increpando.

—¡Eh, tú! El de la escalera —grita Sergio puesto en pie bajo la mirada atónita de Marta, Arantxa y Jon.

—¡Sí, tú! ¿Por qué le has dicho eso a mi novia, porque es rubia?

Los dos trabajadores se dan la vuelta sin entender muy bien qué pasa, se quedan mirando un segundo a Sergio y comprenden que es una broma; sin más, se giran y siguen su camino.

—¡Eh imbécil! ¿Estás sordo? Has insultado a mi novia y te vas así sin más. Cobarde, ven aquí y discúlpate.

Los gritos de Sergio empiezan a congregar a un buen número de curiosos que se paran a ver la escena, el papel bien interpretado hace que los presentes crean sin dudar la versión que da a entender. Al momento, un par de policías atraídos por el revuelo llegan a la terraza, uno va enseguida a parar a los dos trabajadores que siguen caminando. Al llegar a su altura les insta a que los acompañe hasta donde está el otro policía hablando con Sergio. Este, siguiendo con su teatro, hace callar la boca a Marta, Arantxa y Jon que no salen de su asombro y empiezan a asustarse por el cariz que han tomado los acontecimientos.

—Este tío al pasar al lado de mi novia le ha dicho, ¡rubia, te comería el coño! —dice Sergio señalando a Marta continuando con su farsa.

—Agente, ni siquiera los hemos mirado, no sé por qué dice esto, hemos pensado que era una broma —dice el operario del maletín en tono suave y conciliador.

El trabajador acusado por Sergio apoya la escalera en el suelo, la mascarilla no deja ver su rostro desencajado, sus pensamientos se le agolpan en la cabeza y le machacan como un martillo, su nerviosismo empieza a hacerle temblar. Hace dos meses que le dieron la condicional; cinco años se ha pasado en la cárcel yendo a terapia para controlar sus brotes violentos. Años muy duros privado de libertad y con demasiadas tentaciones para no recaer en el pozo; años controlándose para no alargar su estancia entre rejas sin poder ver a su bien más preciado, su familia. El reencuentro con su esposa y su niña le ha devuelto las ganas de vivir, a ello se suma el nuevo trabajo que le permitirá comenzar una nueva vida. Pero, su frágil moral todavía se sostiene de un hilo demasiado fino. El incidente devuelve los fantasmas de la cárcel a su mente. Su acompañante y jefe, sabedor del historial delictivo de su compañero y de la precaria situación en la que se encuentra, intenta mediar con los policías y con aquel tipo que les ha metido en un lío gratuito.

Varias personas empiezan a increpar a los trabajadores. Se escucha, ¡machistas de mierda! y ¡trogloditas! de una multitud cada vez más numerosa. Ante la tensión creada, los policías deciden llevar a los dos trabajadores a comisaría.

—Por favor, acompáñenme y les tomaremos declaración —dice uno de los agentes.

Al oír al policía, el trabajador no puede aguantar la tensión acumulada, su mente desequilibrada deja de responder a cualquier raciocinio. Fuera de sí, salta como un resorte hacia la mesa donde están las dos parejas y se coloca detrás de Marta. Ante la sorpresa paralizante de todos los presentes, la coge por el pelo y tira hacía atrás dejando al descubierto su cuello, con la otra mano agarra una navaja que lleva en el cinto y de un rápido tajo, le corta el cuello de lado a lado. Marta ajena a la realidad empieza a boquear notando cómo la sangre caliente le resbala por el pecho, con la yugular seccionada se le van escapando los últimos segundos de su vida.

# 5. El Nieto

Subiendo por el ascensor, Carmen y Sebastián tienen la mirada perdida. En el pequeño habitáculo que asciende suave, se va creando un halo de emociones, nervios, tensión, rabia y unos cuantos sentimientos más qué no se pueden describir con palabras. Cada encuentro con aquellos monstruos merma la frágil moral de Carmen, que a sus ochenta y cuatro años y con una vida llena de penurias, dispone de pocos alicientes para vivir. Su nieto Rodrigo y su marido Sebastián le dan la fuerza justa para seguir en pie después de las múltiples zancadillas que le ha puesto el destino por delante, además de unas cuantas personas tóxicas —no muchas, aunque sí las suficientes— que le han marcado lo más profundo de su alma.

La lucha por la custodia de su nieto Rodrigo de tres años, huérfano de padre y madre por un puñetero cáncer que se los llevó por delante con un año de diferencia, no acaba nunca. Hoy se escribirá otro episodio más. Ha perdido muchas batallas, a pesar de ello el final de la guerra todavía no está decidido.

Carmen es una mujer menuda en lo físico, en cambio, muy grande en humanidad, generosidad y honestidad. Ha sido menospreciada y desfavorecida sin ningún miramiento por abogados y jueces, dando por sentado que ella y su octogenario marido no estarían a la altura de darle una educación adecuada a su nieto. Letrados deslumbrados por la tía, hermana de la madre de Rodrigo, y su bien interpretado papel, presentaron un montón de medias verdades en un envoltorio brillante y atractivo. No obstante, solo escondían la voluntad de aprovecharse del suculento botín económico que, heredado por el pequeño, necesitaba ser administrado. Ahora y con quince años, Rodrigo vive con sus tíos y solo visita a sus abuelos Carmen y Sebastián un fin de semana al mes, más unos pocos días en vacaciones de navidad y verano.

El timbre de llegada a la cuarta planta les saca del letargo. Salen del ascensor y antes de pulsar el timbre de la puerta se dan las últimas consignas. A pesar de las provocaciones, no tienen que perder los nervios ya que se juegan mucho en el próximo juicio que tendrá lugar en dos semanas. El motivo de la visita es recuperar un móvil; teléfono comprado por Carmen para que su nieto estuviera en contacto con ella, pues era la única manera de comunicarse sin intermediarios. Al llegar la Navidad y nada más entrar en casa de su abuela, Rodrigo se dio cuenta del olvido del móvil en casa de sus tíos y como es un aparato imprescindible para un adolescente, este debía ser recuperado de inmediato. El despiste de Rodrigo ha conducido a Carmen y Sebastián al momento presente en el que están pulsando el timbre del piso de los actuales tutores legales del niño.

Después de un minuto de espera se abre la puerta y tras ella aparece un hombre que no tardará en llegar a los cincuenta y cinco años, luce un pelo canoso peinado hacia atrás y va enfundado en un mono plateado ajustadísimo a su cuerpo. Orgulloso de su aspecto se pavonea delante de los recién llegados sintiéndose superior, aunque ofrece una imagen hortera. Por el atuendo se deduce que va a salir con la bicicleta para hacer deporte, con todo, se parece más a un luchador de sumo vistiendo el uniforme de *Startrek* que a un ciclista.

—¡Hostia! Aquí tenemos al *Dúo Dinámico* —dice el hombre que ha salido a recibirles.

—Danos el teléfono del niño y nos vamos —balbucea Carmen con voz temblorosa.

—Tranquilos, aquí lo tengo —dice mostrando una cinta roja de la cual pende el móvil—. Me lo tendréis que pedir con un, «por favor».

—Danos el teléfono y acabemos de una vez —dice serio Sebastián colocándose delante de su mujer.

—¡Toma! —Grita el hombre haciendo balancear el móvil hacia delante para soltarlo en el último momento sin que a Sebastián le dé tiempo a cogerlo al vuelo. El teléfono cae al suelo sin remedio—. ¡Huy! Se ha caído, que pena.

—¡No se ha caído! ¡Lo has tirado adrede! ¡Eres un canalla! —Carmen no puede reprimir la consternación y se planta delante del sujeto.

—Yo no riño con viejas, si bien, a este gallito le puedo dar lo suyo —dice entre risas mirando al anciano.

Sebastián, apretando los puños, a duras penas puede contener su rabia. Siempre contrario a la violencia, aquel era uno de esos momentos en los qué podía perder la cabeza.

—Venga chiquitín, no te escondas detrás de tu mujer —El hombre sigue provocando mientras golpea con el dedo índice el pecho de Sebastián—. Venga, no tienes ni media hostia. ¿Tienes miedo a despeinarte?

—Pégame a mí si eres hombre —dice Carmen acercándose a escasos centímetros de aquel ser despreciable—. ¡Ladrones, sois unos ladrones! ¡Tú y tu mujer sois las personas más malas que existen, le robáis al niño para malgastarlo vosotros! ¡Ladrones!

—Vámonos Sebastián, esta gentuza no se merece que perdamos un segundo más con ellos —dice Carmen mientras recoge el móvil del suelo, por fortuna no ha sufrido daños.

Si la subida por el ascensor había sido tensa, en la bajada ambos desprenden odio, rabia, ira e impotencia por todos los poros de sus cuerpos. El subidón de adrenalina y la segregación abundante de cortisol le causarán a Carmen graves trastornos físicos y psíquicos durante los días siguientes. Ella es consciente, sin embargo, ¿que podían haber hecho? Ambos demostraron valentía e inteligencia ante aquel individuo que les había provocado de una manera tan cruel.

Al cerrar la puerta del piso, el hombre ríe malicioso, no ha conseguido que perdieran los papeles, pese a ello se lo ha pasado en grande. Su mujer, dentro, lo ha escuchado todo y también sonríe de forma cínica. Carmen está siendo su particular mosca cojonera ya que el empeño que pone en el bienestar de su nieto les fastidia los planes. Utilizan todo tipo de tretas, mentiras y provocaciones para aprovecharse de una fortuna que no les pertenece. El dinero les ayuda a llevar una vida con caprichos banales que, por sus propios méritos económicos, no podrían permitirse.

—Déjame el teléfono un momento que voy a poner la guinda. He conseguido que ese chapucero de dentista de la plaza Mayor le reserve cita a Rodrigo para el próximo jueves. Se le escapó al niño que tienen una comida familiar o algo así —dice la tía con una mirada asquerosa y cruel mientras marca el número de Carmen.

A punto de subir al tranvía, Carmen nota una vibración en el bolsillo de su chaqueta. Con movimientos torpes, busca el móvil, lo aleja de la vista alargando el brazo y su rostro vuelve a endurecerse al ver el nombre que aparece en pantalla. Antes de contestar se vuelve hacia Sebastián mostrándoselo.

—No lo cojas, ya nos han humillado bastante —dice Sebastián con rabia.

Se decide a contestar ya que puede ser algo importante para el niño. Pulsa el botón verde y se coloca el aparato al oído. Intenta mantener toda la entereza que puede.

—Como os habéis ido sin despediros si quiera, a mi marido no le ha dado tiempo de comentaros lo del dentista del niño. El jueves a la una del mediodía le tienen que reajustar el corrector bucal, no puede faltar —dice la mujer en tono amenazante.

—Es qué… —duda Carmen—, el jueves vamos a comer al campo con la familia de Toledo, vienen adrede para ver a Rodrigo. Hace mucho tiempo que no lo ven y es el único día posible. Además, te recuerdo que esos días me corresponden a mí.

—Ya, pero no sabes lo que me ha costado que el mejor dentista de Madrid trate a tu nieto. Está muy solicitado, no hay otra hora libre hasta dentro de dos meses y el corrector tiene que rectificarse ya. ¿No querrás que le queden los dientes torcidos? Aunque a ti te da igual, tú ya no se los verás en un futuro bastante próximo. Así que, el jueves a las doce y cuarto que esté preparado y pasaré a recogerlo. Al juez no le gustará saber que te niegas a llevar al dentista a tu nieto — dice en tono severo. Después cuelga sin tiempo a más réplicas.

Carmen, con los ojos llenos de lágrimas mira a Sebastián. No conciben tanta malicia y están seguros de que la cita con el dentista la han programado adrede para ese día. Se preguntan cómo se han enterado de la visita de sus familiares, porque no tienen dudas de que lo saben. Doblándose sobre sí misma no puede reprimirse y se derrumba, su marido la abraza de inmediato e intenta consolarla. Sebastián, mirando al cielo grita un, ¡no hay derecho!

Después de colgar, los tíos ríen satisfechos, han puesto otra piedra más en el camino para que los ancianos tropiecen y pierdan los papeles. Después de regocijarse con sus respectivas actuaciones, él, colocando el teléfono en el bolsillo posterior de su mono plateado, coge el casco, guantes y unos auriculares inalámbricos y sale de casa para bajar al parking, allí espera su bicicleta de montaña de seis mil euros.

Hará sesenta kilómetros, ya tiene la ruta marcada en el GPS. Su mujer puede seguirle por una aplicación instalada en el teléfono y saber dónde se encuentra en caso de algún contratiempo. El día es frío y los caminos de tierra por donde circula están llenos de charcos helados. Va a buen ritmo, le gusta ir deprisa para después vanagloriarse de sus logros por las redes sociales y si alguien ha hecho esta ruta en tres horas, él, lo va a hacer en menos tiempo. Le interesa más fanfarronear que disfrutar del deporte. Hoy, las circunstancias del camino helado invitan a reducir la marcha, a pesar de ello nada impedirá que rebaje el tiempo de Fran, un compañero de trabajo al que no soporta y que tiene el mejor tiempo en ese tramo —le durará poco el récord a ese chulo arrogante—, piensa para sus adentros.

Al girar un recodo del camino y entrar en el puente que salva un pequeño barranco, la rueda trasera patina con una placa helada. El ciclista pierde el control de su bici y al intentar enderezar el manillar, cruza demasiado la rueda delantera haciendo que salga despedido por delante. Ciclista y bicicleta se precipitan hacia al fondo del barranco lleno de maleza y rocas. El vertiginoso descenso sin control provoca un primer impacto contra un saliente de piedra que le fractura varias costillas, unos metros más abajo se produce el segundo golpe, en esta ocasión nota el chasquido en la parte alta de su pierna, el fémur se ha partido. El último encontronazo que detiene su caída le disloca el hombro, acto seguido nota cómo se va sumergiendo en el agua fría. En esta época del año no baja demasiada agua por el barranco, apenas llega al metro de profundidad y no se hunde del todo gracias a la abundante maleza que hay en la orilla. Sin embargo, cuando empieza a hacer balance de daños en su cuerpo, comprueba que no puede moverse ya que el brazo que ha resultado ileso está bloqueado bajo su cuerpo. Intenta gritar pidiendo ayuda, mas de su boca solo salen leves susurros. Sus ojos tratan de situarse y mirar hacia arriba en busca de socorro. De un grupo de ciclistas que está cruzando el puente solo puede ver sus cabezas de forma fugaz. Su voz hace esfuerzos por proferir sonidos más fuertes, pese a ello no lo consigue. Es imposible que le vean ya que su cabeza apenas asoma fuera del agua y las zarzas de alrededor lo camuflan. Con mucho esfuerzo consigue liberar la mano izquierda y trata de alcanzar el teléfono guardado en el bolsillo trasero de su maillot. Tras varios, largos y penosos intentos, consigue cogerlo. Sitúa el móvil al alcance de su vista nublada y lo único que puede vislumbrar son las grietas de la pantalla destrozada. Palpando con angustia consigue que el teléfono emita una luz tenue. Pulsa con torpeza encima de lo que parece un botón verde, mientras, nota cómo se va hundiendo poco a poco sin remedio. El teléfono emite el inequívoco sonido de marcado y una esperanza cruza por su mente.

—¿Otra vez? ¿Qué queréis ahora? —se oye la voz de Carmen. Al pulsar, el móvil ha efectuado una rellamada al último número marcado— ¿No os habéis burlado lo suficiente, aún queréis más?

—Carmen, por favor escúchame, he tenido un accidente con la bici y me estoy ahogando. Por favor avisad a mi mujer, ella sabrá localizarme, por favor... estoy muy mal... —articula con voz asfixiada, casi agonizante. A duras penas consigue mantener su cabeza fuera del agua. Sabe que no podrá aguantar mucho debido a las diferentes fracturas que le impiden buscar un punto de apoyo para elevar su cuerpo por encima del nivel de la corriente.

—¡Escucha! ¡Oye! ¿Es una broma? No me tomas el pelo, ¿verdad? —Dice Carmen asustada.

—¡Sebastián! —Sin tiempo que perder, Carmen llama a su marido que está sentado leyendo.

Después de explicarle la breve conversación y por el tono voz empleado seguido del silencio posterior, creen que no miente y en realidad ha tenido un accidente. Sin pensarlo un momento y dejando aparte cualquier rencor, se apresuran a llamar a su mujer. Sebastián marca nervioso el número y comienza la cadencia de tonos, pero no hay respuesta.

Al otro lado del teléfono, la tía y tutora de Rodrigo ve el nombre de Carmen en la pantalla. No obstante, la ignora. Ya le ha dicho todo, no necesita escuchar más lloriqueos de la vieja patética y lo del dentista sigue adelante. Por fin el teléfono deja de sonar, sin embargo y tras dar una pequeña tregua vuelve a mostrar el mismo nombre en el móvil. Después de cuatro llamadas sin dignarse a contestar decide apagar el teléfono y piensa —la vieja debe estar desesperada, mejor, ¡que se joda!

Al cabo de una hora suena el timbre de la puerta del piso. Dos policías están plantados delante, en el mismo lugar donde habían estado Sebastián y Carmen hacía pocas horas. Al mirar por la mirilla, la tía abre sin demora al ver los uniformes.

—Hola, buenos días, ¿es usted la señora…? —Pregunta uno de los policías, sin poder acabar la frase, pues la mujer contesta de inmediato.

—Sí, soy yo, ¿qué pasa? —Contesta en tono desafiante. Piensa qué la visita de los policías está relacionada con la discusión que tuvo su marido en el portal con Carmen y Sebastián.

—¿Tiene el teléfono apagado? Hace un buen rato que estamos intentando contactar con usted. Creemos que su marido ha tenido un accidente con la bici y usted puede indicarnos donde se encuentra en este momento. Podría estar malherido y necesitar atención médica urgente. Una ambulancia está preparada a la espera de que nos indique el punto exacto donde localizarle, nos han dicho que usted puede saber su ubicación.

—Su marido solo ha hecho una llamada a una tal Carmen Chano, ella ha sido quien nos ha avisado ante la imposibilidad de contactar con usted —dice el otro policía.

Sin decir palabra, la mujer corre hacia el comedor y con manos temblorosas activa el teléfono. El medio minuto que le cuesta al móvil estar operativo se le hace eterno, una vez en marcha empieza a buscar la aplicación que le ha explicado su marido tantas veces. Desliza el dedo de pantalla a pantalla a ritmo frenético. Por fin encuentra el icono y al accionar la localización aparece el mapa con un puntito que muestra dónde está su marido. El policía le coge el móvil sin preguntar y se orienta enseguida. El otro policía ya está en comunicación con los sanitarios y les indica la posición sin demora, no tienen ninguna duda sobre la ubicación del lugar del accidente. El conductor de la ambulancia acciona los rotativos y sale a toda prisa.

—Vamos para allá. Puede venir con nosotros, tenemos el coche patrulla abajo.

—Sí, voy —dice la mujer con el corazón acelerado y el rostro desencajado.

Minutos más tarde el coche policial circula a gran velocidad por el camino señalado por el GPS. Cuando están a pocos kilómetros ven los vivos destellos azules de una ambulancia. La mujer, alterada, apremia al policía que conduce a ir más deprisa. Cuando llegan ven unos cuantos ciclistas y otros tantos senderistas que atraídos por el alboroto de la ambulancia están expectantes, unos para intentar ayudar en lo que fuera y otros por curiosidad morbosa. La mujer no espera a los policías, desciende del vehículo y va en busca de su marido. Un guardia civil le sale al paso para detenerla y al identificarse como la mujer del accidentado, la acompaña hasta el borde del puente. Esta comprueba cómo en el fondo del barranco varios sanitarios rodean un cuerpo tapado con una manta.

La mujer se lleva las manos al rostro y comienza a gritar. Un médico se acerca a ella e intenta consolarla.

—¡¿Qué ha pasado?! ¡¿Está muerto!?

—Lo siento… ha fallecido ahogado.

Instantes después, el médico acompaña a la mujer hasta la ambulancia y le ofrecen un tranquilizante. La mujer se niega y encoge su cuerpo acurrucándose con la manta que le han ofrecido.

La radio interna de la ambulancia suena y se escucha:

—¿Qué ha pasado? —preguntan.

El médico que ha atendido al ciclista contesta, sin embargo, no se da cuenta de que la mujer le está escuchando en la parte trasera de la ambulancia.

—El accidentado ha fallecido ahogado. Es una pena, casi logramos que volviera, si llegamos unos minutos antes… sin duda, hubiera salvado la vida.

# 6. La Caja de Galletas.

Mario no se podía concentrar. Aquella mañana en la oficina se le estaba haciendo larga y tediosa, sensación extraña en el pasado, en cambio, muy habitual en la actualidad. Atrás quedó el buen ambiente y la camaradería con los compañeros; más que colegas de trabajo, tenía amigos. El local seguía siendo el mismo, era una amplia sala diáfana en la que se distribuyen ocho puestos de trabajo, cada uno con su mesa, sillón, ordenador y teléfono. La oficina se ubica en la quinta planta del edificio Turia situado en el centro neurálgico de Valencia, el bloque alberga oficinas y despachos de diferentes empresas.

A sus cincuenta y dos años se ha quedado como el trabajador más veterano. Cuatro compañeros se jubilaron, dos cambiaron de trabajo y Aurora y Julián, matrimonio con los que él y su mujer tenían una gran relación, habían fallecido en un accidente de tráfico hacía ya dos años. En la actualidad se encontraba rodeado de gente más joven y sobradamente preparada —Mario, en silencio, repetía con ironía esas dos palabras de forma constante—. Los nuevos compañeros eran trepas e irrespetuosos y sin ningún tipo de escrúpulos, capaces de todo por ascender. Se sentía mal ya que llevaban bastante tiempo haciéndole un vacío inhumano y le daban a entender que estaba obsoleto, que era un carca, que sus métodos no servían y que estaba de más en aquella oficina. Detrás de toda esa presión aparecía la inquina y la envidia hacia Mario, de sobras era todavía el más eficiente en sus quehaceres: trabajador, constante y muy productivo.

De repente, la presencia del director le hace presagiar algún problema. Señala a Mario y con un gesto le indica que pase a su oficina. Este se levanta y se dirige con paso firme al despacho del director. Al pasar por el lado de sus compañeros, estos muestran una sonrisa burlona. Ignorando cualquier muestra de mofa o desprecio, entra en el despacho de su jefe y cierra la puerta.

—¿Qué te pasa Mario? Siempre has sido el trabajador más eficaz de esta oficina, pese a ello me has metido en un serio problema. En los informes de Martos S.L. han aparecido cálculos erróneos y varios porcentajes que no son correctos. El lío es monumental, la agencia tributaria les está investigando por fraude y a nosotros nos van a denunciar.

—Pedro… Los informes de Martos los ha llevado Alberto, me pidió hace tiempo que se los cediera por orden tuya —se disculpa Mario.

—El becario me ha asegurado que los ha recogido de tu mesa como siempre, te ruego que no evadas responsabilidades echando mierda a tus compañeros.

—Pero…

—Déjalo —interrumpe Pedro enfadado—. Te vas a ir a casa hasta que se aclare todo y si hay denuncia por parte de Martos, te vas a la calle. Lo siento.

Al volver hacía su mesa, la sonrisa socarrona de sus compañeros se ha vuelto más cínica todavía, sobre todo la de Alberto.

Recoge las cosas personales, las mete dentro del maletín, levanta la chaqueta acomodada en el respaldo de su sillón y sale sin decir adiós. Tampoco esperaba contestación.

Al bajar por el ascensor empieza a sopesar las consecuencias de un posible despido. Recién separado de su mujer, no es buen momento para estar en el paro. Su exesposa le odia y le culpa de la muerte del hijo mayor que falleció a causa de una sobredosis. Le acusa de no haber sido buen padre, de no haberle controlado más y de no vigilar las dañinas amistades de su hijo. Mario intentó ser ejemplar y riguroso en su educación, con todo, siempre fue desautorizado delante de sus hijos por una madre que les consentía todo. Ahora solo le queda su hija Alba, que con quince años está en plena adolescencia. Lucha por su custodia, sin embargo, resulta un trabajo difícil ya que su exmujer se encarga de la manipulación emocional sin ningún tipo de reparo.

Nada más salir a la calle se dirige directo al supermercado de enfrente, quiere comprar las galletas que tanto le gustan a su hija. Debe ir más tarde a recogerla al aeropuerto ya que viene de viaje de fin de curso; ha disfrutado de unos días en Tenerife con los compañeros de instituto. Otra tarea ineludible será sacar las entradas para el concierto del grupo favorito de Alba, hace días que se lo recuerda, y después la llevará a su antigua casa con su exmujer.

Además de las galletas aprovecha para comprar lo necesario para varios días. Una vez lo tiene, se coloca en la larga fila que hay frente a la única caja abierta. Los casi veinte minutos de espera, son un incesante trasiego de empleadas que ignoran impasibles el malestar de los clientes que cada vez hacen la cola más larga. Por fin y después de mucho rato, abren la segunda de las cinco cajas que hay libres y la cajera indica que pasen por aquella en orden de cola, Mario es el siguiente. La dependienta empieza a pasar los productos por el láser y los va amontonando en la otra parte de la cinta. Sin dar tiempo a ordenar la compra en bolsas y con un fuerte golpe, gira la tablilla de separación para los productos del siguiente cliente. La brusquedad del movimiento hace que las galletas se aplasten contra el resto de la compra.

—Por favor, págueme que está haciendo cola —suelta la cajera muy grosera.

—Disculpe, me ha chafado las galletas —dice Mario con sorpresa.

—Yo no he sido, se le habrán caído a usted —vuelve a contestar levantando la voz.

—¿Cómo dice? ¿Que he sido yo el que las he espachurrado? De eso nada, han sido sus prisas —dice Mario incrédulo.

La cajera se acerca al micrófono y requiere la presencia de un guardia de seguridad. Llega de inmediato.

—Este señor se ha puesto violento, no quiere pagar y está haciendo cola.

—Señor, haga el favor de pagar y manténgase tranquilo, si no, avisaremos a la policía —dice el guardia en tono severo.

Al cabo de diez minutos, un Mario derrotado por las circunstancias una vez más, deja la compra en el maletero y monta en su coche. Mira con pena la caja de galletas hechas migajas y la deposita en el asiento del copiloto. Pone rumbo al aeropuerto.

Faltan cuarenta minutos para que llegue el vuelo cuando entra por la puerta de la terminal. Lleva consigo un maletín con documentación en la mano derecha ya que quiere repasar la copia de los informes de Martos S.L. mientras espera a su hija. Con la mano izquierda sujeta la caja de lo que habían sido galletas, ahora solo son un puré marrón.

De repente, y sin esperarlo, sufre un violento encontronazo. Una muchacha con una voluminosa maleta se despista mirando los paneles que muestran la llegada de los vuelos y de forma involuntaria choca con Mario. Ambos caen al suelo provocando que se abra el maletín y salgan disparados infinidad de papeles; estos, arrastrados por la corriente de aire que hay en la puerta de entrada, se dispersan por el exterior del aeropuerto.

Mario ve impotente cómo su única posibilidad de aclarar lo ocurrido con las cuentas de Martos S.L., se esfuma con el viento. Perderá su trabajo sin remedio. Con los ojos inyectados en sangre y por primera vez en su vida no puede reprimir la ira.

—¿Por qué no miras por dónde vas? ¡Mala puta! ¡Me has jodido!

—Lo siento mucho —se disculpa la chica asustada.

—¡Siempre mirando el puto móvil! ¡No existe nada más que el puto móvil! ¡Estoy hasta los cojones de gente torpe e incompetente!

La boca de Mario escupe palabras jamás pronunciadas por él, ni siquiera pensadas nunca.

Alertados por los gritos, dos guardias de seguridad del aeropuerto se personan de inmediato y otros dos policías nacionales también acuden. Rodean a Mario que sigue gritando con rostro desencajado. Mientras un guardia le apunta con un *taser*, los policías tratan de tranquilizarle.

—No me quiero tranquilizar, estoy hasta los cojones de tranquilizarme —brama furioso.

Los policías se posicionan a ambos lados del enajenado Mario, y con un gesto cómplice le agarran por los brazos. De momento no opone resistencia, pero al fijarse en la caja de galletas destrozada en el suelo, intenta cogerla zafándose de los policías. La violencia brusca del movimiento hace que un agente caiga al suelo. Al ver que los policías no pueden reducirlo, un guardia de seguridad dispara su *taser* directo al pecho de Mario.

Mario cae al suelo como un muñeco; las convulsiones son terribles y todos los músculos de su cuerpo se ponen rígidos. De los brutales espasmos pasa a notar punzadas en el pecho, de repente siente un dolor indescriptible. Su corazón, con un nutrido historial de problemas cardiacos, se ha acelerado al límite y no puede aguantar más. Se para sin remedio.

La última imagen que le queda registrada en la retina, es la de su hija mirándole sin entender nada y la caja de galletas a sus pies.

# 7. La Excusa Perfecta

La cafetería *Alameda* está a rebosar de clientela, por su céntrica ubicación no requiere gran publicidad ni llamativos reclamos para completar de sobras su capacidad. Es un lugar de paso para turistas y punto de encuentro estratégico para reuniones de amigos o familiares debido a su localización en el centro neurálgico de la ciudad, aparte está muy bien comunicado con paradas de autobús y tranvía a unos pocos metros del local. Es un sitio ideal para regentar un negocio de restauración si el local es tuyo o los alquileres son piadosos.

Un numeroso grupo de amigos ocupa una buena porción de terraza; dos mesas en el centro con una docena de sillas alrededor. Diez están ocupadas y las dos restantes esperan a un par de amigos que llegaran en breve. La temperatura ambiental no es demasiado confortable y se puede comprobar en el luminoso del centro de la plaza; los dígitos de la hora disputan sus tres segundos de gloria con los cinco grados que hacen acto de presencia cuando desaparecen los números horarios. En el exterior del local y dispuestas de forma simétrica, se observan varias llamas azules proyectadas por estufas de gas, están esparcidas por la terraza para ayudar a mitigar el frío ambiente acentuado por el ligero cierzo que sopla a rachas. El ocaso del día se amortigua por las hipnotizadoras luces que le dan una ambiente decorativo y acogedor.

La pareja rezagada hace acto de presencia saludando con efusión a todos los presentes, se reparten abrazos, besos y gestos de cariño. Se conocen desde hace mucho tiempo y son todos buenos amigos. Algunos de ellos se ven más a menudo, sin embargo, en pocas ocasiones logran juntarse más de seis o siete. Las obligaciones familiares y laborales complican bastante las reuniones del grupo al completo, y más cuando han dejado atrás las cinco decenas de años de edad.

Los primeros en sentarse ya tienen sus consumiciones servidas y los recién llegados buscan con la mirada algún camarero que les atienda. De los seis trabajadores con el uniforme de la cafetería, solo uno ha visto los gestos inequívocos que reclaman su atención. De momento decide ignorarlos, se da un efímero respiro antes de volver a la vorágine de bandejas llenas para servir el torrente de comandas que se suceden sin parar. Cuando por fin se decide acercarse para atender a la pareja, es abordado por un cliente insatisfecho que se queja de la escasez de salsa esparcida encima de la ración de patatas bravas que le han servido. Este incidente dilata varios minutos más la atención a la pareja. Hartos por la tardanza, empiezan a sentirse ninguneados. Más de media hora ha pasado desde que ocuparan sus asientos y nada más hacerlo trataron de captar la mirada del camarero sin éxito. Querían pedir un cortado para ella y un batido de vainilla para él, consumiciones que le piden al camarero cuando por fin se planta delante de ellos para tomarles nota. Apuntado el pedido, no tardan en servirles las bebidas. Cuando el camarero deposita los vasos en la mesa, el chico disculpándose, le pide si puede echar unas gotas de crema de ron en el batido. El camarero accede trayendo la botella de licor y vierte tres gotas justas dentro del vaso, ni una más.

La estancia en la terraza se prolonga durante bastante rato, se preguntan sobre sus respectivas vidas, ríen, cuentan anécdotas y tocan cuestiones de actualidad comentadas por todos y desde puntos de vista variopintos. El tema que más se debate es la invasión de Ucrania por parte de tropas rusas y su líder Vladimir Putin, sin embargo, la conversación deriva hacia las consecuencias que sufrimos de forma directa: subidas desorbitadas del precio de la luz y del gas, llenar el depósito de gasolina que se ha convertido en un lujo, y el aumento indirecto de los costos de todo tipo de artículos y servicios. Por una parte, están los afectados reales que sufren las consecuencias catastróficas de la guerra; y por otra, están las aves de rapiña que aprovechan la situación para aumentar sus, ya de por sí, suculentos beneficios y multiplicar por cien los ingresos a costa del sufrimiento de muchos colectivos. Los dirigentes políticos con su permisividad, inmovilismo y nefasta capacidad de respuesta, consienten semejantes injusticias. Medios de comunicación manipulados hacia uno u otro color político nos atiborran de información para justificar acciones que no tienen ninguna lógica y que sin duda alguna, van minando la economía y la moral de la gente de a pie. A base de repetir mentiras acabamos creyendo lo que nos dicen y pagando precios inflados y desorbitados para que se enriquezcan unos pocos en detrimento de los sectores más vulnerables de la sociedad —comentan la mayoría coincidiendo con los mismos argumentos.

En medio del debate, uno de los amigos pide la cuenta al camarero y de forma individual hacen efectiva su correspondiente consumición. Cuando notifica el precio del batido adulterado con tres gotas de crema de ron, el consumidor de dicho batido mira al camarero extrañado y le pide que se lo repita por si no lo ha oído bien. Se lo confirma sin dudar, le dice que vale nueve euros.

—Disculpa, en la carta está marcado con tres euros —se dirige extrañado al camarero.

—Sí, es verdad, pero el batido iba con licor.

—Ya. Ahora bien, le has echado tres gotas y no creo que cada gota valga dos euros. Consúltalo, debe haber un error.

El diálogo es escuchado por los presentes, en un principio todos muestran indignación por la clavada que le han pegado a su amigo. De momento es una pequeña eventualidad que no tiene demasiada importancia, no obstante, se eleva a categoría de incidente cuando se presenta el camarero acompañado de un señor trajeado, que llega con cara desencajada y se identifica como el dueño del local. El fuerte tono de voz que emplea el recién llegado llama la atención de la numerosa concurrencia.

—¿Qué es eso que dice mi trabajador? ¿No quiere pagar su consumición? —brama el dueño.

—Eso no es cierto, no me he negado en ningún momento a pagarla, solo le he pedido que revise el precio. Me parece desorbitado pagar seis euros por tres gotas de licor —el chico no levanta la voz, aunque la situación le sorprende.

Los amigos que en un primer momento le apoyaban, empiezan a dudar si toman parte en favor de su compañero. Algunos lo tienen claro enseguida y las miradas de desaprobación hacia él se hacen patentes al ver el cariz que han tomado los acontecimientos. Quieren que pague y que deje estar el asunto ya que es un local bastante frecuentado por la mayoría y no desean tener problemas en el futuro. No obstante, la chica que había llegado con él interviene en su favor.

—Mi amigo quiere pagar, aunque un precio razonable. Creo que no es de sentido común cobrarle seis euros por las gotas de licor. Lo que le habéis echado no es el elixir de la eterna juventud para pagar lo que le pedís.

—Señorita, no tengo ganas de tonterías, suficiente tengo con la subida del recibo de la luz y del gas. Todas las bebidas alcohólicas de importación me cuestan más caras y yo tengo que subir los precios. Desde que empezó la puta guerra nos están sangrando por todos lados —el dueño habla muy alterado y rabioso.

—¡Ya! Con todo, la guerra estalló el mes pasado y esa botella de licor debe hacer meses que coge polvo en la estantería. Creo que no hay necesidad de subir su precio un diez mil por ciento —comenta con sorna la chica.

—La policía ya está aquí, ahora le explican que se quieren ir sin pagar.

Ante la mirada atónita de los presentes, dos agentes de la policía local se presentan en la terraza. El dueño se apresura a dar la versión de los hechos omitiendo el precio abusivo que ha desencadenado el conflicto. Los agentes se acercan al chico y le piden la documentación. Este se lleva la mano al bolsillo de la chaqueta y descubre que se ha dejado la cartera en casa. Dispone de dinero, aunque no puede mostrar ningún documento acreditativo. Los agentes viendo que no se puede identificar de ninguna forma, deciden llevarlo a Comisaría para cursar una denuncia. La chica no sale de su asombro cuando comprueba cómo los policías levantan a la fuerza a su amigo y entonces decide intervenir de nuevo.

—¿Vais a detenerle por esto? ¿Os habéis vuelto locos? —pregunta asustada— Yo pago la consumición y dejadle en paz.

La amiga se levanta intentando liberar el brazo del policía que tiene sujeto a su amigo. El otro policía que ve la acción, agarra a la chica con los dos brazos inmovilizándola.

—¡Quítale las manos de encima! ¡Ella no ha hecho nada! —grita el chico mientras salta desembarazándose del que lo tiene sujeto.

Al ver el gesto brusco, el policía se lanza hacia el chico para placarle. Ambos caen hacia atrás tumbando la estufa de gas azul, esta se desploma con estruendo y acaba rompiéndose encima de la mesa contigua ocupada por varias personas; del impacto se desparrama el contenido de las copas prendiéndose fuego de inmediato. La fatalidad provoca que el chorro de gas en llamas propague el fuego a los toldos de tela y plástico que cubren la terraza. Algunas personas se levantan con sus abrigos y anoraks ardiendo produciéndose una desbandada general hacia el exterior de la terraza. La cercanía de la calzada pegada a los límites del local provoca la   tragedia. Un autobús que se acerca a la parada, arrolla a la multitud que huye de las llamas y que ha aparecido de repente en la trayectoria del gran vehículo. El conductor, sin tiempo de reacción, no ha podido frenar a tiempo y el drama se consuma.

# 8. Amigos.

—¿Qué queréis merendar? —Lola se dirige a los dos niños con dulzura.

—Yo quiero un bocadillo de jamón —dice Víctor a su madre.

—Y a ti, Samuel. ¿Qué te apetece?

—Yo, lo mismo… —Samuel se muestra muy tímido.

—Dos bocadillos para los niños más guapos —Lola acaricia con ternura la cabeza de ambos niños que sentados en el sofá miran los dibujos animados.

Los pequeños de seis años son amigos desde que empezaron a caminar a gatas. Desde entonces, no se separan, la cercanía de sus respectivos hogares hace que jueguen en casa de uno u otro indistintamente. Los padres son grandes amigos y nunca se preocupan de saber dónde están sus respectivos retoños; si no están en casa, estarán en casa de sus amigos cuidados sin distinción.

Crecen juntos, pasan diferentes etapas de su vida compartiendo la totalidad del tiempo, el vínculo entre ellos es indestructible…

Pero, metidos de lleno en la adolescencia, se empiezan a notar diferencias en los chicos. Hasta entonces habían sido dos niños similares creciendo al mismo ritmo; tenían las mismas despreocupaciones, anhelos inocentes y pretensiones infantiles. Aunque la incipiente llegada de la juventud les provoca cambios físicos importantes. Víctor se ha convertido en un chico alto y bien formado, con unos rasgos agradables que llaman la atención de las chicas de su edad; Samuel todavía no ha pegado el estirón, la naturaleza ha querido que su desarrollo sea más lento. Aún conserva un acné juvenil que le ocupa gran parte de la cara e intenta disimularlo dejándose el pelo largo para que le tape el rostro, consiguiendo sin querer, estropear más si cabe su imagen.

Metidos en el final del curso escolar llegan al instituto con sendas mochilas en su espalda. Por los pasillos, se cruzan con un grupo de chicas de clase y todas sus miradas se centran en Víctor; sonrisitas, muecas y expresiones pícaras tienen un único destinatario. No obstante, Samuel, desde su posición invisible, no puede evitar mirar a una de las chicas. Sonia despierta en él una atracción inédita, siente en el estómago un cosquilleo jamás experimentado. Cada día que pasa tiene sensaciones más intensas, sin embargo, también se enfada consigo mismo y envidia a su amigo, por primera vez siente un conato de animadversión hacia él.

—Le voy a pedir a Carla que salga conmigo, me gusta. Pero no veo el momento de decírselo —el comentario de Víctor una vez se encuentran solos, saca de su letargo a Samuel.

—El viernes es el cumpleaños de Sonia. Carla seguro que asiste a la fiesta. Si nos hubiera invitado, podrías haber aprovechado para pedírselo. Es una lástima —dice Samuel con tristeza, sería una posibilidad para estar cerca de Sonia.

—No creas. Hace un rato Sonia me ha invitado por *whatsapp*. Le he dicho que iremos los dos y…

—¿Qué ha contestado? —dice Samuel con impaciencia.

—Mira —Víctor le enseña la conversación de *whatsapp* a su amigo, el diálogo finaliza con el emoticono de un pulgar hacia arriba. A Samuel se le ilumina el alma.

Los días que faltan hasta el ansiado viernes son monopolizados por el cumpleaños de Sonia, Samuel no habla de otra cosa. Los dos amigos se contaban todas sus intimidades, inquietudes y miedos, no obstante, el temor que sentía Samuel en aquel momento no tenía parangón. Por primera vez en su vida siente vergüenza de sincerarse con su amigo y contarle la atracción que le provoca Sonia, no encuentra el momento oportuno. Víctor, de repente, le provocaba una sensación extraña, la seguridad que mantenía su amigo con las chicas le causa estragos en su mermado amor propio. Víctor podía elegir entre el elenco de interesadas; él, en cambio, se conformaba con soñar despierto besando a Sonia.

Llegaron a la fiesta los dos juntos. El amplio salón del chalet donde vive Sonia con sus padres y su hermana pequeña está decorado para la ocasión. Infinidad de globos cuelgan de las paredes, una guirnalda que con grandes letras reza, «Feliz Cumpleaños Sonia», recorre la estancia de lado a lado. En un rincón, hay una mesa con todo tipo de bebidas alcohólicas. La música apenas deja espacio para hablar. Una veintena de chicas y chicos bailan en corrillos riendo y bebiendo sin parar.

—¡Venga! Servíos —Sonia los recibe con una cerveza en la mano. Al dirigirse a ellos lo hace en plural, pero ni siquiera ha visto a Samuel.

—¿Vas a beber alcohol? —le pregunta Samuel a su amigo.

—Claro, ¿qué esperabais encontrar? ¿Una tarta de nocilla, un bol con lacasitos y coca-colas? Además, tranquilos, mis padres no están —dice Sonia burlándose al escuchar a Samuel.

Víctor se acerca al mueble y se sirve un cubata. Samuel, avergonzado, no va a ser menos y se sirve otro. Samuel busca desinhibirse con el alcohol para acercarse a Sonia y cada vez ingiere más y más bebida. Víctor también bebe demasiado cuando descubre que Carla, la chica que le atrae, no ha podido venir. El tiempo pasa entre decibelios desorbitados y demasiado alcohol. Al cabo de un rato, el exceso de bebida empieza a causar estragos en Samuel, le invade una sensación desconocida ya que jamás se había emborrachado. Empieza a marearse, necesita salir al jardín a tomar el aire; una vez allí, expulsa todo lo ingerido, apenas se puede tener en pie. Ante el recién descubierto malestar que produce el alcohol después de ingerirlo en grandes cantidades, decide irse como puede hasta casa sin decir adiós a nadie; tampoco puede hablar, solo balbucea.

Al día siguiente, Samuel experimenta la primera resaca de su vida, sensación extraña de remordimientos y culpa sin saber el motivo concreto. Sin embargo, a esa edad todo se pasa en la cama, dormir más de diez horas de un tirón es un privilegio que da la juventud y cura todo vestigio de malestar. Pasado el mediodía, el zumbido del móvil despierta a Samuel, es un mensaje de Víctor, le insta a encontrarse de manera urgente. Ante la premura de su amigo, se viste y sale de casa sin decir nada a sus padres. A los diez minutos, los dos amigos están sentados en el banco del parque.

—¿Qué pasa? ¿Estás bien? —pregunta Samuel preocupado.

—Sí. Tengo que contarte una cosa mala y una buena que me pasó ayer —dice Víctor con una sonrisa agridulce.

—Empieza por la buena.

—Ayer perdí la virginidad.

—¿Cómo …? Digo… ¿Con quién? ¿Dónde? ¿Con Carla? —pregunta atribulado Samuel.

—Con Carla, no. Eso es parte de la cosa mala.

—Cuenta, tío. Me tienes intrigado —Samuel siente una alegría disimulada con por un toque de envidia.

—Me acosté con Sonia. Estaba bolinga e insistió, cuando se fueron todos me llevó a su habitación y lo hicimos —el rostro de Samuel se desdibuja al oír a su amigo.

—Pero… querías pedirle salir a Carla. ¿Por qué con Sonia? —Samuel intenta disimular el desengaño interno.

—No quiero nada con Sonia y se lo voy a decir. Ya te digo que casi me obligó.

—Eso que has hecho no está bien.

—Ya lo sé. A pesar de ello, debes guardar mi secreto. Eres mi mejor amigo, ¿no? Carla no debe enterarse nunca —suplica Víctor.

—Vale —dice Samuel.

—Ahora, como mi mejor amigo, te voy a enseñar un video. Sonia lo grabó todo, lo hizo con mi móvil —Víctor ríe mientras se lo enseña, Samuel ve desnuda a la chica que le tiene prendado haciendo el amor con su mejor amigo y se le rompe el corazón en mil pedazos.

La fiesta de cumpleaños ha marcado un antes y un después en la relación de ambos amigos. Samuel ha distanciado los sentimientos de amistad, los disimula bien. No obstante, y en silencio, intenta aplacar el resentimiento y rencor hacia su amigo. Víctor, por el contrario, tiene otras inquietudes; Sonia no acepta ser rechazada y va a hacer todo lo posible por repetir lo de su fiesta de cumpleaños.

El final de las clases llega y da paso a las vacaciones estivales. Víctor, Samuel y Sonia dejan de verse durante casi dos meses, pues cada uno tenía destino buscado para el verano antes de desencadenarse las intrigas juveniles.

El regreso a las clases vuelve a reunir a los dos amigos; la comunicación entre ellos durante el verano no ha sido demasiado fluida, pocos mensajes para muchos días y escusas poco convincentes. El reencuentro no ha cambiado un ápice los ánimos; Samuel no ha conseguido borrar el rencor y Sonia ha visto acrecentado su despecho al comprobar que Víctor y Carla están saliendo juntos. Y como el rechazo amoroso casi enfermizo no es encajado, el sinsentido guiado por los celos puede jugar malas pasadas.

Sonia lo ha intentado todo, le ha contado a Carla su encuentro sexual con Víctor, aunque había llegado tarde, este ya se lo había confesado a su novia y estaba todo perdonado. Al fin y al cabo, no eran novios cuando se acostó con Sonia. Pero, Sonia es obstinada y, dando por perdido a Víctor, va a vengarse.

—Hola Samuel —Sonia lo sorprende, está esperándolo a la salida de clase.

—Hola... —Samuel no puede esconder su nerviosismo, todavía suspira por ella.

Durante los sucesivos días, Sonia va ganándose a Samuel y le hace creer que salen juntos. Sin embargo, él está encantado con la situación porque se comportan como si fueran novios, aunque sabe con seguridad que el trasfondo es provocarle celos a Víctor. No le importa en absoluto, le encanta el nuevo status, nunca se había sentido tan bien.

—¿Me quieres? —pregunta Sonia después de acostarse juntos.

—Sí —dice Samuel sin dudarlo ni un instante.

—¿Harías cualquier cosa por mí?

—Sí...

—Te voy a pedir algo. No te preocupes, no es nada malo —dice Sonia.

—Dime.

—Sabes que me acosté con Víctor. Lo sabe todo el mundo... —dice con resignación— Aquel día, tu amigo grabó en el móvil cómo lo hacíamos. Lo grabó sin mi permiso, todavía lo debe conservar y quiero que desaparezca.

—¿Lo grabó Víctor...? —Samuel no dudaba de su amigo, si bien, tal como lo planteaba Sonia tiene sentido.

—Había pensado cómo hacerlo. Vais juntos a natación y supongo que os cambiáis en los vestuarios. Puedes salir a mitad de clase alegando ir al baño, le coges el móvil y me lo pasas a mí que estaré esperando fuera. Yo lo elimino.

—Pero, te olvidas del patrón que utiliza para desbloquearlo.

—Me acuerdo del patrón, vi cómo lo ponía cuando nos acostamos. Si no lo ha cambiado desde la fiesta de mi casa, podemos entrar en su móvil.

Samuel duda, no le gusta la idea de engañar a su amigo, sin embargo, Sonia tiene razón; ese video no es necesario que lo tenga nadie. Al día siguiente llevan a cabo su plan, no es difícil, nunca cierran las taquillas y los vestuarios suelen estar desiertos entre clases. Se excusa para ir al lavabo, le entrega el móvil a Sonia y al cabo de cinco minutos esta se lo devuelve. Su novia le confirma que todavía conservaba la grabación y que ya la ha eliminado para siempre.

Los dos amigos acaban la clase de natación, se dan una ducha y se marchan. Ninguno de los dos mira el móvil. Es tarde, aunque de camino a casa van tranquilos charlando y riendo. Samuel ha rebajado su rencor desde que sale con Sonia y parece que la amistad con Víctor vuelve a afianzarse. Se despiden dirigiéndose cada uno a su hogar.

Samuel deja la mochila en el pasillo y al entrar en el comedor se encuentra una imagen extraña. Su madre y su hermana están absortas mirando el móvil. Sus caras muestran pánico, algo inusual está ocurriendo.

—¿Qué pasa? —dice Samuel.

—¿No has mirado el móvil? —dice su hermana pequeña.

—No ¿Por qué? —Mientras habla, saca el teléfono y ve más de doscientos mensajes sin leer. Empieza a abrirlos, lee los comentarios que están haciendo sobre una grabación que circula por todos los chats, la busca en un grupo y da con ella, pulsa el *play* y se horroriza al ver el contenido.

Sube las escaleras de tres en tres y entra en su habitación. Cierra la puerta y marca el número de Sonia.

—¿Qué has hecho? ¿Te has vuelto loca?

—He hecho lo que se merecía —dice Sonia con frialdad.

—Has enviado el vídeo a todo el mundo desde el móvil de Víctor, creerán que ha sido él —dice atolondrado Samuel.

—Exacto, eso quería hacer.

—Pero, las consecuencias pueden ser fatales para Víctor, y él no ha hecho nada.

—No te lamentes, es hora de demostrar si de verdad me quieres. Tienes que callarte.

—No puedo Sonia. Víctor es mi amigo, no puedo ocultar lo que has hecho.

—Yo no he hecho nada. Te recuerdo que has sido tú el que ha cogido el móvil. ¿Cómo pretendes demostrar que he sido yo? ¿Qué sentido tendría hacer pública una grabación en la que aparezco follando? Si dices algo, creerán que has sido tú. Yo lo negaré todo.

Samuel cuelga el teléfono, se acerca a la ventana y observa las luces de los rotativos de un coche de policía. Buscan a Víctor. Durante las dos horas que han permanecido en la piscina se ha difundido el vídeo y ha sido puesta la denuncia por parte de Sonia. Ha acudido a comisaría junto con sus padres. Esta ha desempeñado el papel de víctima a la perfección. Se ha cursado una orden y han ido a detener a Víctor.

Los días siguientes son convulsos, varios compañeros de Víctor han sido interrogados, Samuel el primero. La cobardía y el miedo han impedido que contara la verdad a la policía. Los padres de Víctor están destrozados, su vida ha dado un giro inesperado. Están en boca de todos los vecinos del pueblo y la noticia se ha hecho eco en los medios de comunicación a nivel nacional. Se habla de penas de dos a cinco años de prisión.

El padre de Víctor ha perdido el empleo, la mala fortuna de trabajar en un taller propiedad del padre de Sonia ha sido el motivo. Aparte de la vergüenza, se añaden los problemas económicos que derivarán del despido; demasiada carga para un padre mojigato chapado a la antigua. Días más tarde, el hombre quiere poner fin a tanto sufrimiento y con su vieja escopeta de caza, lo consigue.

Samuel, junto con sus padres, es de los pocos asistentes a un triste entierro. Lola llora desconsolada por su marido muerto y su hijo detenido. Samuel mira cómo la mujer grita de forma desgarradora y a su memoria vienen una y otra vez infinidad de momentos compartidos con aquella maravillosa familia, no deja de recordar las muestras de cariño que siempre le ofreció Lola.

Una perversa mezcla de acontecimientos que a priori se hubieran podido considerar pueriles, desembocan en tragedia. Samuel se consume entre remordimientos, aunque la culpa y el arrepentimiento no pueden con el temor y la cobardía. Lamenta ver una familia rota, sin saber que el silencio le acarreará una mochila demasiado pesada y acabará destrozando su propia vida.

La palabra *amigo* pierde su significado cuando los hechos son dignos del peor enemigo.

# 9. Fútbol.

Necesita trabajar, el subsidio por desempleo ha finalizado y los ingresos que obtiene su mujer apenas llegan para costear la hipoteca y los gastos básicos de un hogar. Las facturas sin pagar se acumulan en la cuenta corriente, ya son demasiados días en números rojos con un listado abundante de cargos pendientes: luz, agua, calefacción, comunidad, seguros, teléfono, etc. La mayor parte del dinero ingresado es para mantener y alimentar a dos niños, Alba de cuatro años y Bruno con seis; estos no entienden de crisis ni deberían hacerlo.

—Han llamado de la compañía eléctrica. Si en una semana no pagamos los recibos pendientes, nos van a cortar la electricidad —dice una angustiada Marga.

—No pueden hacerlo, los denunciaremos —contesta Marcos.

—¡Todo lo solucionas con denuncias! Tenemos que conseguir el dinero y pagar, por lo menos las facturas de la luz. ¿Qué haríamos si nos dejaran sin electricidad?

—Tranquila, no lo harán —dice Marcos sacando un cigarrillo y dándole fuego.

—¡Te he dicho mil veces que no fumes aquí dentro!

—Los niños están en el colegio —Marcos abre las manos.

—Y a mí que me zurzan ¿verdad? Sabes que me molesta y te da igual. Se queda el olor impregnado por todo el piso. Apenas tenemos para comer, ahora bien, tu tabaco no puede faltar.

—He intentado dejar de fumar, sabes que en esta situación no puedo, cuando encuentre trabajo, lo dejaré. Te lo prometo.

Marga ríe amargamente y ya no cree nada de lo que dice su marido. La situación es insostenible, se tiene que multiplicar para sacar adelante la familia. Se encarga del día a día de los niños y sufre el inmovilismo y el pasotismo de su marido. Le exaspera cuando discuten, Marcos siempre sale con sus leyes y sus derechos, se los conoce todos; no obstante, su empecinamiento y agresividad impiden que pueda aprovecharse de ellos y sacar algún beneficio.

Le da demasiadas vueltas a una posible separación y eso que Marcos se lo pone muy fácil con su comportamiento diario. Está cansada de aguantarle, se pasa todo el día sentado en el sofá, fumando y mirando la tele. Ni siquiera es capaz de preparar comidas ni poner la lavadora, ni mucho menos, fregar y limpiar. Harta de la situación y sopesando mucho el futuro de sus hijos, por fin decide dar el paso, al llegar a casa se lo dirá.

—¡Sorpresa! —Marga se asusta al abrir la puerta del piso y encontrarse a su marido con una botella de champán en la mano.

—¿Se puede saber qué haces? —contesta indignada.

—El lunes empiezo a trabajar, me han llamado de la empresa de electricidad. Voy a cobrar el doble que tú —Marcos ríe mientras descorcha la botella—. Vamos a celebrarlo.

—No estoy para gilipolleces. Cuando tengas el contrato firmado, vete al banco y consigue que paguen las facturas pendientes, preséntalo como aval si es necesario.

—¿Cómo aval? ¿Estás loca?

—Apáñatelas como puedas, pero consigue pagarlas, tú y tus leyes —Marga da la espalda a su marido, no esperaba la nueva noticia. Al entrar en la cocina deja las bolsas de la compra en la mesa y rompe a llorar, no es capaz de dar el paso.

—Ahora mismo voy a firmar el contrato e intentaré que el banco nos adelante dinero —Marcos esta plantado en la puerta, por fin habla en serio.

La empresa de electricidad se ubica en un polígono industrial. La nave que alberga sus instalaciones es moderna y en ella trabajan una treintena de operarios. No es fácil formar parte de la plantilla; buen trato y mejores sueldos son un reclamo para profesionales. Marcos aparca delante y va en busca del jefe. Pregunta por el encargado y enseguida, un hombre de unos sesenta años se presenta y le hace pasar a la oficina. Marcos le cuenta el tema del contrato, lo necesita. El hombre le tranquiliza; no puede dárselo en aquel momento y le cuenta que él es el dueño, no obstante, su hijo es el apoderado de la empresa y el que firma los contratos. Tendrá que esperar dos días; el dueño le da su palabra de que se solucionará el lunes. Marcos se va con una sensación agridulce, no ha conseguido el contrato, sin embargo, irá al banco para negociar el aplazamiento de pagos. Se lo ha prometido a su mujer.

Llega el domingo y toda la familia se pone en marcha temprano. El pequeño Bruno tiene partido de fútbol, juega en el equipo del cole. Compiten en un formato reducido de los mayores, son siete pequeños de cada equipo. La corta edad hace que se pasen el tiempo correteando detrás de una pelota sin demasiado orden, pero con ilusión y ganas.

—A ver si hoy te comportas, estoy hasta las narices de que siempre montes algún numerito —Marga reprocha a su marido, no sería la primera vez que la avergüenza en un partido.

—Yo soy tranquilo. Con todo, si me buscan, me encuentran —dice en tono chulesco delante de los niños.

El partido comienza, los goles se suceden en una y otra portería, aunque el azar quiere que la mayoría los encaje el equipo de Bruno. Marcos empieza a inquietarse y se muestra molesto con el joven colegiado. Este, es un chico que debe rondar los veinticinco años, es alto, muy delgado y luce una cuidada melena rubia. El devenir del partido sería normal si no fuera por unos pocos adultos que empiezan a increpar al árbitro cada vez que hay alguna decisión contraria a su equipo, da igual que acierte o no. El padre más hostil es Marcos, empieza a proferir palabras subidas de tono e insultos. Marga intenta tranquilizarlo y sin éxito le dice una y otra vez que se siente. Al final se levanta del asiento en la grada, Marga no puede más y agarrando a su marido del jersey le dice que si no para, va a coger a Bruno y Alba y se largará. Marcos no escucha nada, solo ve una jugada en la que el pequeño Bruno tropieza y cae dentro del área rival sin que nadie le toque. Marcos salta dentro del campo y va a por el árbitro pidiéndole penalti, los gritos que pega asustan a todos los niños. Algunos se van corriendo hacia el banquillo o en busca de sus padres, aquel hombre les da miedo. Dos guardas que trabajan en las instalaciones y viendo el panorama, saltan a por el padre enajenado, pero no llegan a tiempo. Lo primero que hace Marcos es apagar un cigarrillo en la mejilla del joven árbitro, después empieza a darle certeros puñetazos. Cuando los guardas consiguen reducir a Marcos, el chico ha recibido duros golpes en la cara y multitud de patadas en las piernas. Intenta levantarse para escapar, en cambio cae aturdido. La policía no tarda en aparecer y detienen a Marcos ante la atónita mirada de los adultos y el miedo reflejado en los rostros de los niños. Maniatado con las esposas se lo llevan a comisaría. Marga se marcha avergonzada llevándose a sus hijos y sin querer saber nada de la suerte de su marido.

Han fichado a Marcos, le han tomado declaración y se ha interpuesto una denuncia por agresión. La violencia incontrolable que en ocasiones emana de él y que nunca había reconocido le ha jugado una mala pasada. A las complicaciones de su vida familiar se le sumarán las que deriven del grave incidente con el árbitro. Por primera vez en su vida se siente abatido, por fin reconoce que sus graves defectos pueden acabar con él y con su familia. Después de varias horas en comisaría tiene tiempo de reflexionar y pensar cómo dar un giro a su vida, pero necesita ayuda, y mucho apoyo. Un apoyo que empezará por pedírselo a su esposa. Será difícil que lo escuche, demasiado ha tenido que aguantar. No sabe cómo no le ha abandonado antes, reconoce que se lo ha merecido mil veces.

Al final de la tarde le dejan marchar, el camino de vuelta a casa es duro. Cuando llega al piso y toca el timbre, muestra un estado deplorable. Al abrirse la puerta, lo primero que ve son unas maletas. Este, al verlas, se derrumba. Arrodillándose al suelo, rompe a llorar como un niño.

—¡Lo siento! ¡Lo siento mucho, Marga! Necesito ayuda —suplica Marcos llorando.

—Soy un monstruo, tengo problemas y nunca he querido reconocerlos, no te merezco a ti ni a los niños. Pero, dame una última oportunidad. Si me ayudas, podemos salir de esta juntos.

Muchas horas de lamentos, lágrimas y remordimientos transcurren con la promesa de un cambio radical. Marga no puede dejar de llorar, nunca había visto a su marido de aquella forma. A pesar de que su mente se niega a creer que pueda cambiar, el corazón le empuja a perdonarlo y darle una nueva oportunidad, también sopesa el bienestar de sus hijos. La encrucijada se resuelve con un montón de compromisos aceptados por Marcos y la voluntad de no dejar que el amor tan debilitado que existe entre ellos se esfume para siempre.

Suena la alarma del reloj, jamás hubiera imaginado que un lunes ese sonido le causaría tanta alegría. No solo por el comienzo del día para ir a su nuevo trabajo, si no por el inicio de una nueva etapa en su vida junto a su mujer y sus hijos. Antes de sonar el despertador, ya hacía rato que no dormían y habían hecho el amor con pasión. El desayuno transcurre con sonrisas, gestos tiernos y suaves caricias entre ellos, los niños se muestran alegres al ver a sus padres tan cariñosos.

—Todo irá bien. Céntrate en el trabajo y olvida el tema de la denuncia. Ya lo solucionaremos. Lo importante es que mantengas este trabajo durante mucho tiempo —dice Marga.

—Descuida, no os voy a fallar. Me dejaré la vida en ello si es preciso —se despiden con un beso.

Marcos se presenta en la nave quince minutos antes de la hora de fichar. Por nada del mundo iba a llegar tarde el primer día. Espera en la puerta con impaciencia e ilusión. Saca un cigarrillo para encenderlo, pero, lo tira al suelo de inmediato. Lo mismo hace con la cajetilla, ha decidido que es el momento ideal para dejar de fumar.

—Buenos días, Marcos. Pasa, mi hijo está esperándote para que firmes el contrato. A pesar de que no se encuentra demasiado bien, ha venido temprano esta mañana para acabarlo de redactar. Le conté que lo necesitabas con urgencia y no ha dudado en madrugar. También me ha dicho que podría adelantarte una nómina para hacer frente a esos pagos que tienes pendientes —dice el dueño.

—Muchas gracias, no sabe cuánto se lo agradezco. Se lo compensaré con mi buen hacer, voy a trabajar duro para que no tengan ni la más mínima queja —Marcos, sin pensarlo, abraza a aquel hombre. Su suerte ha cambiado…

Marcos llama a la puerta con los nudillos y una voz le dice que pase. Entra dispuesto a agradecer a aquel chico el trato que le ha dado antes de conocerle siquiera. Pero, algo paraliza a Marcos; el hijo del dueño está de espaldas y muestra una cuidada melena rubia. Al girarse, descubre un rostro conocido desfigurado por unas feas quemaduras provocadas por un cigarrillo. Aparte, luce un ojo hinchado que apenas le permite ver y varios puntos que le recorren la barbilla, no hay duda de quién es.

—Buenos días… ¡Hombre! ¡Que casualidad!

# 10. El niño.

Manuel y Teresa están asustados, las vacaciones escolares han comenzado y desde ese mismo momento estarán al cargo de sus nietos, Iker y Paloma. El niño tiene nueve años recién cumplidos y la niña seis. Cuidar de los nietos y pasar el tiempo libre con ellos se podría considerar una bendición para la mayoría de abuelos, no obstante, Manuel y Teresa no están demasiado ilusionados. La experiencia del año anterior fue caótica, Iker les dio demasiados quebraderos de cabeza. Situaciones complicadas que tuvieron que lidiar con un niño hiperactivo; unos abuelos que la lejanía de su única paternidad —Olga, la madre de Iker y Paloma— les había dejado obsoletos en el cuidado de niños. Se acentuaba el problema por el trastorno que padecía el niño ya que necesitaba la constante ayuda de profesionales y el riguroso control paternal. Sin embargo, las necesidades del trabajo no permitían a los padres hacerse cargo de sus retoños en el periodo estival. El colegio estaba cerrado y los aprietos económicos no les permitían pagar una canguro. La única opción era dejarlos con Manuel y Teresa en la casa del pueblo. No había otra, aunque los dos habían dejado atrás los ochenta años y no estaban para muchos trotes, estaban obligados a responsabilizarse de aquellos niños durante dos largos meses.

TDAH o Trastorno por Déficit de Atención por Hiperactividad son las siglas que ponen nombre a la afección crónica que padece Iker. Debía medicarse a diario y estar sometido a un control psicológico y pedagógico constante. Durante el curso escolar, los padres seguían a rajatabla la programación de consultas y la administración de fármacos. Sin embargo, durante el verano y en un pueblo de apenas cien habitantes, tenían que suprimir las consultas a los especialistas. La distancia al núcleo urbano que disponía de esos servicios quedaba a más de cien kilómetros y Manuel hacía tiempo que no conducía.

Los primeros días de vacaciones transcurren con relativa tranquilidad, Iker va tomando la medicación a regañadientes y Paloma no echa tanto de menos a sus padres como el año anterior. Pero, después de un par de semanas, la convivencia se complica y se crea una situación de tensión cada vez que Iker debe tomar sus pastillas. Con sus padres no se mostraba reacio, en cambio, a los ancianos les tiene tomada la medida. Sus abuelos maternos no le imponen respeto alguno y sabe que no le van a castigar por mucho que se subleve. Aprovechando la debilidad de los octogenarios, deja de tomar los medicamentos. La reacción no se hace esperar en los días posteriores y la hiperactividad, que parecía amortiguada, comienza a causar estragos. No puede estarse quieto, no deja de sacar juegos para ignorarlos al instante, obliga a su abuelo Manuel a salir a jugar a la calle para a los pocos minutos volver a entrar en casa, arrastra a su hermanita en su frenética actividad y saca a relucir una violencia desmedida cuando no siente sus necesidades satisfechas. Los ancianos están desbordados, han llegado al límite psíquico y físico; Manuel lleva las piernas marcadas de las múltiples patadas que recibe a diario, cualquier negación a los deseos de su nieto se ve correspondida con el pertinente puntapié en la espinilla. Teresa, se refugia en la cocina y llora en silencio, siente pena por su nieto. Reza para que llegue el día de su marcha y poder volver junto a su marido a la tranquila rutina diaria. Si no termina pronto el verano, su nieto acabará con ellos.

—Esto no puede seguir así, llama a Olga y dile que venga a por ellos —dice un angustiado Manuel.

—Sabes que no puede permitirse pagar un canguro durante todo el verano, necesita nuestra ayuda. ¿Qué va a hacer? ¿Dejarlos solos en casa?

—Teresa. A duras penas nos cuidamos el uno del otro. Tenemos una edad que requiere vivir sin sobresaltos y en un futuro no muy lejano, seremos nosotros quien necesitemos ayuda. ¿Qué pasará entonces? ¿Vendrá Olga a cuidarnos?

—No seas egoísta Manuel, es nuestra única hija y debemos ayudarle mientras podamos —dice Teresa.

—Y, ahora, ¿podemos?

—Ya vale Manuel. No voy a decirle nada a Olga, suficientes problemas tiene ya con su marido por este tema —Teresa coincide con las reflexiones de su esposo, sin embargo, mientras le quede aliento no dejará en la estacada a su hija.

—¿Y qué pasa con los otros abuelos? Ellos pueden hacerse cargo, son mucho más jóvenes que nosotros.

—¿Otra vez con lo mismo? Ya sabes que al abuelo Toni se le va la mano con Iker y a la mínima rebeldía le pega, también a la niña que es un cielo. Y tu hija no quiere que nadie les ponga la mano encima. Recuerda la bronca que tuvieron hace dos años. Desde entonces apenas se hablan —cuenta Teresa.

—Mira que bien, si es cuestión de dos bofetadas lo soluciono yo enseguida. Con gusto se las daría.

—No digas bobadas, nunca le has puesto la mano encima a nadie. Ni a tu hija, ni tus nietos, ni a nadie. Tú eres incapaz, Manuel —dice Teresa con lástima—. Y me alegro por ello —dice dándole un tierno beso en la mejilla.

Agosto transcurre lento para los ancianos, y eso que no tienen tiempo para aburrirse pues los nietos no se lo permiten. No se aburren ellos ni la mayoría de los vecinos del pueblo, casi todos están jubilados y la llegada de aquellos niños altera el devenir del verano de forma considerable. Compadecen a Manuel y Teresa, aunque todos comentan cómo solucionar el problema de forma fácil. La mayoría utilizaría mano dura y emplean tópicos fáciles «si fuera mi nieto en dos días lo pondría en vereda»; otros, «una bofetada a tiempo hubiera solucionado el problema»; los más irónicos comentan «¿hiperactivo?, en mis tiempos se decía *"es más ruin que la tiña"* y eso se cura con dos bofetadas». La ignorancia hace que cada uno simplifique a su manera la resolución del problema, son mayores y están acostumbrados a otros tiempos y a otras formas de actuar ante un trastorno al que antaño ni siquiera se le ponía nombre.

El día quince de agosto permite disfrutar de un puente de cuatro días. Olga y Pedro se desplazarán al pueblo para pasarlos con sus hijos. La llegada de los padres es un alivio para unos agotados Manuel y Teresa, les permitirá tomarse un mini descanso bien merecido. Sin embargo, se les endurece el gesto cuando delante de casa aparcan dos vehículos. De uno desciende su hija y su yerno, pero, del otro coche baja una pareja y dos niños de edades similares a sus nietos.

—Hola mamá, papá —Olga abraza a su madre que la mira con extrañeza— ¿Dónde están los niños? Verás que sorpresa tendrán cuando vean que han venido dos amiguitos.

—Os esperábamos solo a vosotros dos —dice Manuel con gesto de enfado.

—Son nuestros vecinos, Juan y Lola. No tenían ningún plan para este puente y como tenéis suficientes habitaciones, les hemos invitado a pasarlo todos juntos. No os importa, ¿verdad?

Teresa y Manuel no contestan, su cara lo dice todo. Lo que tenía que ser un descanso se va a convertir en más trabajo.

—No os preocupéis, haremos excursiones todos los días. Solo vendremos a comer y cenar —dice Olga sin pensar lo que conlleva ese plan. No es consciente de que está obligando a cocinar a su madre para diez personas todos los días, desayuno, comida y cena.

—Hija, tendríamos que hablar de Iker. Hace días que no toma la medicación y está muy exaltado, ya no sabemos qué hacer con él. Nunca le había visto tan obstinado y violento —dice Teresa a su hija.

—Tranquila, yo me encargo. Estos días no le hará falta, con sus amigos va a tener distracción —Olga no da demasiada importancia a lo que dice Teresa.

—Tu madre tiene razón, el niño se vuelve incontrolable por momentos. Tendríais que hacer algo al respecto. Llevarlo al psicólogo para que lo vea —interviene Manuel.

—Es agosto, papá. Está todo el mundo de vacaciones. Yo creo que sois un poco neuróticos, se nota que no estáis con Iker todo el año, entonces veríais lo que tenemos que sufrir con él. Dejadme disfrutar de estos días. ¡Por favor! —Olga levanta la voz enfadada. No necesita monsergas de sus padres, conoce a su hijo a la perfección y sabe cómo tratarlo.

El plan para el primer día consiste en bañarse en el río que se encuentra a cinco kilómetros. El cauce discurre por unos parajes donde se forman pozas de gran profundidad, ideales para darse un buen baño y nadar largos de hasta quince metros. La zona está llena de árboles que flanquean el curso del río y varios claros donde se pueden extender las toallas y montar las mesas de picnic. Cuando llegan las dos parejas con los cuatro niños, solo hay un grupito de cinco jóvenes metidos en el agua y se oye la música alta que proviene de un altavoz que hay en la orilla. Montan el chiringuito y todos se disponen a darse un buen baño. El único que no sabe nadar es el vecino, Juan, que se muestra reacio a meterse en lo más profundo.

—No te preocupes Juan, solo cubre por el centro —le dice Olga conocedora del río—. De niña aprendí a nadar en esta poza, mi padre me lanzó ahí al medio y tuve que buscarme la vida.

Disfrutan del baño, la temperatura del agua es ideal para combatir el agobiante calor que hace fuera. Nadan, juegan, chapotean y disfrutan de la calurosa mañana, está siendo todo perfecto, hasta Iker parece tranquilo… Después de un buen rato dentro del río, casi todos deciden salir del agua para tomar un refrigerio, dentro de la poza se quedan Iker y Juan.

—¡Juan! Te dejamos con Iker —dice Olga a su vecino.

—Pero, si pasa algo, yo no sé nadar.

—No te preocupes, lo digo por si hace alguna fechoría. Él sabe nadar como una sardinilla, por eso, estate tranquilo —ríe Olga.

Juan lleva un corcho que le ayuda a mantenerse a flote por las zonas profundas, se mueve lento y con cuidado. Iker ha subido a una roca y se dispone a saltar de cabeza, lo hace sumergiéndose bastante y cuando vuelve a asomar la cabeza, mira a Juan.

—Es una pasada, voy a repetir —dice Iker exaltado.

—Ten cuidado de resbalar y procura saltar al centro —le dice el adulto.

No obstante, y antes de salir del agua, Iker tiene un inesperado cambio de pensamiento; de repente quiere jugar con el corcho que lleva Juan.

—¡Ese corcho es mío! ¡Lo quiero yo! —sin tiempo a reaccionar, el niño agarra el corcho de un zarpazo y lo tira varios metros más allá, después da unas brazadas hacia él.

—¡No me lo quites! ¡No sé nadar…! —Juan, sin la seguridad de aquel trozo de goma espuma que le permitía mantenerse a flote, entra en pánico.

Bracea desesperado y empieza a tragar abundante agua. Los gritos de socorro no son escuchados y en ese momento no hay nadie dentro del río que pueda ayudarle. Iker observa satisfecho al adulto, tiene agarrado su trofeo y por nada del mundo lo va a soltar.

Los chillidos de Juan se ocultan entre los decibelios que surgen del altavoz que tiene el grupito de jóvenes. Desde el claro donde han instalado las hamacas, su mujer, sus amigos y sus hijos, están tomando refrescos, permanecen ajenos a la tragedia que se fragua a pocos metros y disfrutan de la canción que está sonando, todos la tararean al unísono.

Minutos más tarde, una pareja de jóvenes vuelve a meterse en el agua y observan al hombre que está flotando boca abajo en el centro de la poza. En un primer momento no dan importancia, no obstante, transcurre un buen rato y el hombre permanece en la misma postura. Uno de los jóvenes se acerca para cerciorarse de que está bien y cuando le pone la mano encima se da cuenta de que el cuerpo está inerte.

El chico da la alarma y el pánico general se desata. Todos acuden atolondrados. La mujer de Juan, al ver a su marido flotando, se queda inmóvil en estado de shock y los niños se echan a llorar asustados por la escena. Los demás sacan el cuerpo del agua albergando la esperanza de que todavía respire. Iker, sentado en la orilla con su trofeo, no entiende bien que está pasando; saciada la necesidad de tener el corcho en su poder, lo lanza de nuevo al agua.

# Índice

PRÓLOGO ................................................................ 11

1. Aparcar ................................................................ 13

2. La tragaperras ....................................................... 17

3. El Móvil .............................................................. 23

4. Tentar al destino .................................................... 29

5. El Nieto .............................................................. 35

6. La Caja de Galletas .................................................. 45

7. La Excusa Perfecta ................................................... 51

8. Amigos ................................................................ 57

9. Fútbol ................................................................ 67

10. El niño .............................................................. 73